「自分でやったほうが早い病」の治し方

マルコ社・編

はじめに

編集者になって、二十余年。多くの書籍や雑誌の制作に携わってきましたが、本書が生まれた経緯は、これまでに経験してきたものとは、まったく別物でした。編集者は著者とは異なり、本来は裏方稼業です。ですが、少し自分語りさせていただくことをお許しください。本書がどのように生まれたのか、その経緯を詳しくお伝えさせていただくことも、読者の皆さまにとって有益だと考えるからです。

書籍や雑誌の企画・アイディアを考えるとき、主に二つの手法があると思っています。ひとつは市場調査、いわゆるマーケティングを糸口にしてスタートする方法です。市場調査・マーケティングは、さまざまな製品・サービスの開発で採用されていますが、書籍や雑誌の制作でも例外ではありません。消費者がいま何を求めているのか？　どんなことに関心を持っているのか？　そして、いまヒットしている製品・サービスはどのような点で消費者に支持されているのか？　など、ユーザー

（読者）の嗜好や関心を分析して企画を練り上げていくというものです。書籍や雑誌の制作でも、人気のジャンルや著者が近年出版した書籍の売上分析、あるいはクチコミを集めて読者の声を精査してみるなど、さまざまな角度から、調査していきます。

ターゲットを絞り込んで、的確な分析ができれば、狙いを大きく外してしまうリスクは低くなります。またデータを元にして企画をプレゼンすることができるため、こうした市場調査は、社内の関係者を説得して商品化を進めやすいというメリットがあるでしょう。一方で、トレンドの移り変わりは激しく、趣味嗜好が細分化し、変化も速い時代ですから、慎重にターゲットを外さないよう注意しながらも、できるだけスピーディに、市場に投入することが求められると言えます。

もうひとつは、編集者の日頃の関心ごとから、アイディアを探していくという方法です。編集者も消費者のひとりです。日々の暮らしの中で感じている、こんな視点の書籍があったらいいのに、従来からある書籍にはこんな指摘・視点が不足しているといった、ひとりの読者として感じる不満や気づきを出発点に企画を考えていきます。こうした個人的な不満や気づきには、往々にして商品（書籍）を良くしたい・改善したいという強い熱意があります。リサーチやプレゼンにも熱が入りやすく、企画を推し進める原動力になります。そのため編集者の気づきや不満が時代のニーズや世間の感覚と合致していれば、ヒット作につながる可能性を秘めていると言えるでしょう。ただし、それが個人的な思い込みに留まってしまえば、共感を得ることができずに、失敗に終わってしまうリスクもはらんでいます。

もちろん編集者の関心ごとから生まれた企画であっても、市場調査・マーケティングを行うことで軌道修正をしたり、世間も興味がある気づきなのか、調べたりすることもあります。そのため、前者も後者も独立した手法というわけではなく、いかに主観的な意見・感覚と客観的なデータ・情報収集を行き来しながら、企画アイディアをブラッシュアップしていけるかが、編集者の腕の見せどころだと言えるかもしれません。

さて本書の場合ですが、私が経験してきた、こうした制作手法とは異なる出発点からはじまりました。ことの発端は私自身の至らなさにありました。弊社には編集者や営業担当者が企画を持ち寄り、議論する会議があります。もちろん、話し合う企画や議題を事前に準備できなければ、会議が成立しません。そのため、日頃から編集者はアイディアをストックし、準備しておくことが必要となります。しかし、私の場合、他の業務が忙しいことを言い訳に、企画案を提出できない時期が長く続きました。しかも反省よりも、時間さえあれば、良い企画を捻り出すことができるはずだ……。悪いのは自分ではなく、その時間が取れない忙しい現状にあるのだ。そんなプライドだけが肥大していました。実際には仕事を選別することなく、抱え込んだ結果、こうした事態を自ら招いていることが原因でした。毎回、会議への出席を余儀なくされていた参加者にしてみれば、忙しさを理由に企画を出せないのは、言い訳にしか聞こえなかったでしょう。幾度も話し合う議題のない不毛な会議が続くことになりました。ようやく事態の深刻さに気づいた頃には、前回、企画を提案してから数ヶ月が経っていました。

なぜ企画をじっくり考える時間を持つことができないのだろう？　時間がないのはどうしてだろう？　自分以外のスタッフはきちんと自らの仕事を全うし、なおかつプライベートの時間もしっかり確保していました。どうしてそんな働き方ができないのだろう。少しずつ冷静さを取り戻し、自分が置かれている状況を振り返ることができるようになっていきました。

そして、考えを巡らすうちに、ひとつの結論に至りました。それが本書のテーマである「自分でやったほうが早い病」でした。私は、とにかく「誰かに頼るよりも、自分がやったほうが早く終わるのだ」「手伝ってもらうと仕事のクオリティが下がってしまう」と、人に頼ろうとせず、どんな小さな作業でもすべて一人で抱え込んでいました。編集業務はもちろん、原稿の執筆もやりたい性分に加えて、準備に手間がかかる撮影の仕事にも携わっています。しかも、面白そうな案件があると、どんなに忙しくても首をつっこんでしまいます。さらに小さな会社で、経理の経験があったことから、納税の手続きや会計業務全般も手がけています。二十余年も編集者をしてきましたが、ずっとそのような仕事の仕方を続けてきたわけです。忙しいのが当たり前の毎日で、自分が特殊な働き方をしているとは思っていませんでした。

とはいえ、この時点では、「自分でやったほうが早い病」をテーマに本を作る気はありませんでした。なぜなら、これは自分の働き方の問題であって、誰も共感してくれないだろうと思っていたからです。実際、企画会議でいま気になっているテーマとして、参加者にアイディアを共有してみても、リアクションは芳しくありませんでした。誰もそんな働き方をしていなかったのです。

ただ、「自分でやったほうが早い病」のことが頭から離れず、周囲に同じような悩みを抱えている人がいないか、リサーチをしてみることにしました。すると、「僕もそうです」「私も悩んでいたんです」と、同じ悩みを抱えている人が思いのほか多いことに驚かされました。こんな不器用な働き方をしているのは、自分だけだろう。そんなふうに思っていたのですが、人知れず悩んでいる人が多くいることに気づきました。そこで本書を制作することを決意したわけです。

また、本書がカウンセリングのような対話形式になっているのは、本を作っている私自身がこの問題と向き合いながら、制作していたからです。どうして自分でやったほうが早いと抱え込んでしまうのか？　どうしたら、その状態から脱することができるのか？　他人に仕事を頼むなら、どのように依頼したらいいのか？　各章で語られる相談者の悩みは、私自身の悩みや取材を行い語っていただいた本音ばかりです。日頃からチームで仕事をすることに慣れている人たちからすれば、どれも当たり前なことなのかもしれません。ですが、他人を頼るのが苦手な人、仕事を断ることができず、一人で抱え込んでしまう人にとっては、示唆に富んでいると信じています。そんな「自分でやった方が早い病」にかかった一人のビジネスマンが少しずつ学んでいく様子を追体験しながら、一緒に働き方を改善していってもらえたら、嬉しく思います。

令和7年1月8日

『「自分でやったほうが早い病」の治し方』（マルコ社）編集担当　梅中伸介

目次

Case 1

ある「自分でやったほうが早い病」の人の《他人に任せられない理由》とは？

【4コマ漫画】自分でやったほうが早い病の人の日常

第3章

どうして自分でやるほうが早い病になってしまう人がいるんですか？

陥りやすい人の特徴

責任感が強く、真面目に仕事に取り組んでいる人

【覚えておきたい！他人を頼るための心理学】

失敗から身を守るための言い訳を準備するセルフハンディキャッピングとは？

第4章

もし他人に任せられたらどんなメリットがあるのですか？

仕事は
馴れ合いではない

私の仕事なの!!

第1章

自分でやったほうが早い！他人を頼れない私ってダメですか？

第1章

自分でやったほうが早い！他人を頼れない私ってダメですか？

サボったり、ダラダラと作業したりしているわけではないのに、仕事が終わらない。そんなことありますよね？　一人ひとりが抱えている仕事量が多すぎる。頼まれたら断わることができず、雪だるま式にやるべきことが増えてしまう。効率の悪い業務が多く、とにかく手間暇がかかってしまうなど、仕事が溜まってしまう要因はいくつか考えられます。最近は人手不足に悩まされている職場も多いため、慢性的に業務過多になっているところも多いと思います。

そんなとき、もしあなたなら、どのように対処しますか？

①残業や休日出勤をしてでも、ひとりでなんとか終わらせる
②非効率な工程がないか、徹底的に業務を見直す
③〆切や納期を遅らせられないか、責任者に頼んでみる
④誰かに手伝ってもらって、間に合わせる

など、仕事が終わらないときにできる対処法には、いくつかの選択肢があると思います。取引先が関係する業務に就いているのか、それとも社内の事務作業を担当しているのかなど、どんな仕事を担っているかによっても、できる対処法は異なってくるでしょう。さらに、その人の性格や仕事の進め方、同僚や部下との関係性、あるいは職場におけるポジションや役職によっても行動は変化すると言えるかもしれません。仕事が終わらないと分かった時点ですぐに上司に報告して対処してもらう人や、頼るのが得意で自然と同僚に手伝ってもらえるような世渡り上手な人など、対応のスピードやタイミングも個人によってさまざまです。

そんななか、他人を頼ることが苦手で「**常に仕事を抱え込んでいる人**」を見かけることはないでしょうか？　誰かに手伝ってもらえば良いのに、一人で仕事を抱え込み、悪戦苦闘している。周囲からは頑固で不器用な人に映っているかもしれません。

何を隠そう、私がそのタイプです。

気がつくと、大量の仕事を抱えて、その対応に追われる日々を過ごしています。部下や同僚にお願いして、終わっていない業務を手伝ってもらえば良いと自分でも思っているのに、そのような選択を取ることができません。どうして、そのような働き方をしてしまうのだろう？　自分でも思い当たる原因がいくつかあります。

一番の要因は「**誰かに手伝ってもらうよりも、自分でやってしまったほうが早く仕事が片付く**」と考えてしまうからです。担当している仕事のことは、自分が誰よりも理解しているつもりです。また担当作業に限っていえば、社内で最も効率よくできるという自負があります。したがって、実際に決められた期限内に作業を完了できるかどうかは別として、「**周囲の人に助けを求めず、とにかく自分でやってしまおう。その方が早い！**」という選択肢が真っ先に浮かぶことになります。

また、やりきれない仕事を誰かに手伝ってもらう場合には、作業を一時中断して、終わっていない作業の全部を任せるのか、あるいは、どこか一部だけを手伝ってもらうのか、まずは進捗を把握して、整理する必要があります。そのうえで、手伝ってもらう作業を決めていくことになります。加えて、作業内容を説明したり、ときには手順や要点をまとめた資料を作ったりすることも必要になるでしょう。**手伝ってもらうと言っても、すぐに作業を分散できるわけではありません**。そのための準備を整える時間や手間が必要になるわけです。手間暇を考えると、けっきょく自分でやってしまったほうが早いのではないかと考えてしまいます。このような思案の結果、誰かに手伝ってもらうことを避けて、仕事を一人で抱え込んでしまうことになります。

他にも頼めない理由があります。手伝ってもらったものの、**あがってきた作業の**

出来栄えに納得できないことが、しばしばあります。慣れない作業を他人に頼んだわけですから、自分でやった仕事と比べて作業のクオリティが低くなることは、当然、起こります。ただ、それをそのまま提出することには躊躇します。もっと良い状態で成果を提出したいという欲や責任感があり、**受け取った作業のクオリティが低いと判断したら、手を加えるなど、修正を行うことになります。**その修正には当然、時間を要することになるため、ゼロから自分で仕事を片付けるよりも、余計に手間と時間がかかってしまうことになります。このようにして仕事がどんどん積み重なっていき、他人に手伝ってもらうことに対して、消極的になっていくことになります。

一方でいつまでも、このような働き方をしているわけにはいかないといった思いもあります。改善できるのなら、もっと肩の力を抜いて仕事をしたいと思っています。そうすれば、自分がやるべき仕事に注力することができますし、作業の質を上げることができるかもしれないからです。

そこで、どうして、そのような働き方になってしまうのか？　また、**どうすれば、「自分でやったほうが早い！」という精神状態から抜け出すことができる**のか？　**染み付いてしまった不器用な働き方を根本的に見直す**ためにできることはないのでしょうか？

本書では、「自分でやったほうが早い」と考える原因や心理状態を紐解いていきながら、仕事を抱え込まない働き方に改善する方法を考えていきたいと思います。

まずは、カウンセラーと相談者の会話を通して、どうして仕事を抱え込んでしまうのか？　他人を頼ることができないというのは、いったいどんな心理状態なのか？　など、「自分でやったほうが早い！」をこじらせている人の思いを探っていくことからはじめていきましょう。効率の悪い働き方だとわかっているのに、どうしてもやめられない。取材やアンケートを通じて、明らかになった自分でやったほうが早い病のリアルを対話形式で掘り下げていきます。

原因

どうしたら他人を頼れることができる？「自分でやったほうが早い病」の心理とは？

今日は仕事の悩みがあって、お邪魔しました。先生はうちの会社でリーダー研修を担当していましたよね？

そうですね。マネジメント職にはじめて就くような人を集めて、研修を行っています。

それは具体的にどういった内容の研修なのですか？

たとえば、リーダーとして、チームのメンバーをまとめあげていくにはどうすればいいのか？　マネジメントとは何なのか？　など、リーダーに昇格したばかりの人が心に留めておくべき基本的なことをレクチャーしています。

リーダーにはメンバーとは異なる役割があるからです。それを知らずに、チームのメンバーだった頃の意識のままで働いてしまうと、上手くメンバーをまとめることができず、チームのパフォーマンスが低下してしまうことになります。そこでリーダー研修という形でマネジメントの基礎を教えています。悩みというのは、マネジメントに関することですか？

マネジメントの悩みに該当するのか、自分ではよくわからないのですが、聞いてください……。実は**上司から、『お前は仕事を一人で抱え過ぎだ』って、怒られてしまう**んです。もっと、他人に仕事を振って、リーダーの役割に注力してほしいと言われています。でも、その意見には納得できない面があって、モヤモヤしています。それで先生の意見を伺いたくてお邪魔しました……。

なるほど。チームのメンバーの一人が仕事を抱えすぎてしまうことによって、業務が停滞するといったトラブルはしばしば耳にします。でも、その指摘に

納得できないというのはどういうことですか？」

そもそも人手不足で、手が空いている人や余裕のある人がいないという職場の事情があります。必然的に一人一人が抱える仕事量が多くなっているんです。だから、誰もが余裕のない勤務環境にあります。仕事を抱えているのは、私だけではありません。
みんな担当の仕事を持って、忙しくしているので、簡単に他人に頼れない環境にあるわけです。たとえば人手を増やしたり、業務を効率化するなどして、まずはそのような状況を会社が改善すべきです。その対策を怠っているのに、仕事を一人で抱えすぎているという理由で非難されるのは、的外れだし、納得できません。私だけが悪者にされているような感じがして、不愉快です。

一人の働き方を指摘する前に、人材を増やしたり、配置を転換するなど、変えるべき職場環境があるということですね。**忙しくしている人には、手伝ってほしいと声をかけにくい**でしょうし、確かにお願いしにくい面がありそう

ですね。お気持ちはよくわかります。

ただ、そうはいっても、もし作業を分担できるのだとしたら、そのように対処したほうが早く仕事も終わるでしょうし、一人一人の負担も軽くなるわけですから、結果的にみんなハッピーになるのではないでしょうか？　そちらのほうが効率的な働き方だと言える気がします。たとえば納期に間に合わないなど、緊急事態のときだけでも、他の人に手伝ってもらうようなことはできないのでしょうか？

そのような意見も理解できます。私だってどうしても手いっぱいなときには上司の指示に従って、他の人にヘルプをお願いするようにしています。ただ、私のために、自分の仕事を止めて、手伝っていただくわけですから、後ろめたく、とても心苦しかったことを覚えています。
きっと中には『こっちも忙しいのに、なんで手伝わないといけないんだ！』と、憤っていた人もいたはずです。だから申し訳ない気持ちが拭えなくて、どんどん他人に頼るのが苦手になっていったんです。

相手も忙しいことがわかっているだけに、気を遣ってしまうわけですね。それでも、チームで仕事をしているわけですから、業務が早く片付くのなら、作業を分担することは良いことのように思います。普段から、仕事の進捗をチームで共有したり、コミュニケーションをしっかり取ったりすることで、手伝ってもらうときの申し訳なさを軽減することができるかもしれませんよ。

職場の風通しは悪くないと思うのですが、忙しくなってくるとどうしてもそれぞれが自分の仕事に集中することになります。その結果、心の余裕もなくなり、ちょっとギスギスした雰囲気になることがあります。

もし、滞っている作業があるのなら、上司から直接、分担して取り組むようにチームのメンバーに対して、依頼を出してもらうという対応策はいかがですか？　上司からの指示だったら、仕方がないとみんな手伝ってくれるので

はないでしょうか？

それはそうですが、私の作業が遅れているからヘルプが発生していることはメンバーも知っているわけですから、上司の指示とはいえ、不満の矛先は私に向くことは変わらないと思います。そのときは手伝ってくれたとしても、以降はさらに頼みにくくなるはずです。

そうですか……。他にはどんなことがありますか？

あと、そうですね。同じ業務を担当しているような同僚に手伝ってもらうのなら、まだ頼みやすいのですが、たとえば他のチームの人にも手伝ってもらわなければいけないときには、なおさら頼みづらく、『自分でやったほうが早い』という思いを強くします。チームのメンバーが忙しくて、どうしても手伝えるスタッフがいない場合には、他のチームから手が空いている人を探して応援を要請することになるんです。

なるほど。他のチームに依頼するとなると、ハードルが上がるというのは、どうしてですか？

他のチームの人は私の作業を普段見ていないので、進め方や業務内容を知らない可能性があります。だから、何を手伝ってもらうのが良いのか、分担してもらいやすい作業を精査して決めていく必要があります。そして、割り振りが固まったら、作業のやり方を細かく説明したり、ときには資料を作って、理解してもらう必要があります。こうした作業にはある程度の時間がかかりますが、その間、**自分が本来、やるべき作業が止まってしまう**ことになります。その時間のロスを考えると、他人に頼むのは諦めて自分でやってしまったほうが早いのではないかと考えてしまいます。実際のところ、多少納期は遅れてしまいますが、私がそのまま一人でやってしまったほうが作業時間は短縮されると思います。不慣れな作業をやってもらう必要もないので、仕事の質が落ちてしまう心配もありません。

新しい業務を説明して、それをきちんと理解してもらおうとすると、それなりに時間がかかりますよね。でも、そのときは説明に時間がかかったとしても、もし次にお願いする機会が発生したら、今度は説明が不要になるので、結果的に業務のスピードがあがることになりませんか？　しかも、今度こそ自分の作業負担が減って、楽になる可能性もあります。そんなふうに考えることは難しいのでしょうか？

もちろん毎回、同じような業務を手伝ってもらうのだとしたら、一度の説明で理解して、業務を覚えてもらうことは有益かもしれません。でも、毎回、手伝ってもらう業務が同じとは限りません。その都度、細かく説明したり、理解してもらう時間が必要になる点は変わりません。また覚えるのに時間が必要になるでしょう。だから、いつまで経っても、説明にかかる時間は短くならないと思います。もちろん、理解度は高くなるかもしれませんが、それに……。

それに？

手伝ってくれる人のことを考えて、事前に準備を整えていると、ふとなんで自分はこんな作業に時間をかけているのだろう？　と疑問に思ってしまうことがあります。本来は自分でやる作業なのに、**他人に手伝ってもらうことを前提に仕事をしている**ことになります。そんな風に感じてしまい、自分の働き方に違和感があります。

そうはいっても、忌引のときもありますし、風邪など体調不良によって、思いがけず休まなければいけないことが誰にだってあるのではないでしょうか？　そんなときに代わりの人が作業することもあるはずです。また、欠員が出たときの対処法として、マニュアルや説明資料をあらかじめ準備しておくことは、業務がストップしないようにしておくためにも有益なことだと思いますが。

そうなんですが、ひょっとすると、私のプライドの問題なのかもしれません。誰かに手伝ってもらうということは自分が担当している仕事を期限内にできませんでしたと不手際を認めることになりませんか？ **仕事ができないと自分から言っているようなもの**じゃないですか？ そのうえで、頭を下げて手伝ってくださいとお願いしないといけません。それは日々、働いている人間として、なかなか受け入れ難いことだと感じます。

他人に手伝ってもらうということは、期限内にできなかった自分の至らなさを認める必要があり、辛いということですか？

はい。とても辛く、できれば避けたいと感じてしまいます。それに**大きな仕事や重要な案件だったとしたら、独占したい**という欲が出てきませんか？ 私なら、大きな仕事になればなるほど、どんなに忙しいタイミングだったとしても、自分ができます！と手を挙げて仕事を独占したい気持ちに駆られます。**仕事ができると人だと認められたい**ですから。自分の実力を周囲の人に

示したい。そんな思いがあります。こうした承認欲求や独占欲も、仕事を一人で抱えてしまう原因になっているのかもしれないと考えています。

魅力的な仕事だから、自分に任せてほしいと抱え込んでしまうというわけですか。他人を頼れない理由の一つに、やりがいのある仕事を独占したいという願望が反映されているんですね。ですが、それによって納期が遅れてしまったら、むしろ仕事に対する評価は下がってしまうことになりませんか？　いくら提出する作業のクオリティが高かったとしても、納期を守れないというのは、マイナス評価の対象になるように思いますが……。

そんな人事評価が下されることになるんですね。私はチームのメンバーをまとめたり、マネジメントをする経験が少ないので、思ってもみませんでした。言われてみれば、印象は悪いかもしれませんね……。独占することで忙しさに拍車がかかり、冷静な判断ができなくなっているのかもしれません。

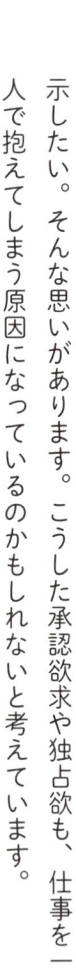

確かにチームのメンバーを評価する立場になってはじめて気づくことなのかもしれませんね。ちなみに上司から『一人で仕事を抱えすぎだ！』と指摘されるとおっしゃっていましたが、客観的に見て、仕事を抱え過ぎているという自覚はあるのでしょうか？

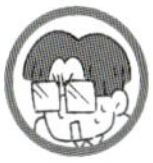

……それは、あります。最近は減りましたが、以前は残業することも多かったですし、休日出勤をしていた時期もあります。それでも終わらない繁忙期には、自宅まで仕事を持ち帰ることもありました。だから明らかに仕事を引き受けすぎの状態だと自分でも思います。会社から残業をするなと言われるようになってからは、働きすぎないように気をつけてはいます。

相当、仕事を抱え込んでいるようですね。

でも、仕方ないんです！　私がもう少し要領良く仕事ができるのなら、それで済む話です。もっと頑張れば、問題ありません。残業や休日出勤を少し増

やせば、期限内に終わらせることができるはずです。現に、いまはそれで大きなトラブルも起こっていません。それよりも、人手が足りないことを放置している会社に対して不満があります。明らかに人手不足なのに、誰かに手伝ってもらいなさい！っていうほうが無責任じゃないですか？　仕事を振れない・頼めない私が悪者になっていることに納得できないんです。

なるほど。それはストレスが溜まりますね。人手不足の件は個人では解決できないことなので、ひとまず置いておくとしましょう。会社からは、リーダーとしてメンバーに仕事を振りながら、チームとして実績をあげることを期待されているのかもしれませんね。お話を聞いていると、かなり煮詰まっているように感じられます。ひょっとすると『自分でやったほうが早い病』になっているのかもしれませんね。

自分でやったほうが早い病!?　何ですか？　それは。

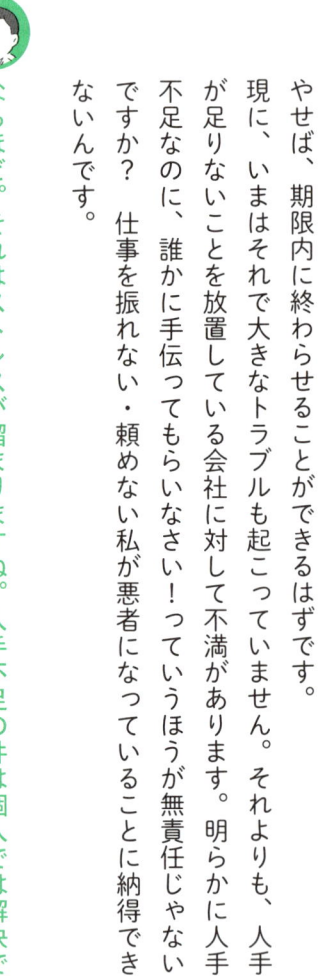

私が名付けたので、医学的な病名や症状ではないのですが、自分でやってしまったほうが早いと仕事を抱え込み、どうしても他人を頼れない人のことをそう呼んでいます。特別なことではなく、責任感が強い人のなかに一定数いて、みなさん悩みを抱えているようです。

せっかくなので、なぜ他人を頼れないのか？　どうしたら、頼れるようになるのか？　頼ることで何が変わるのか？　私と一緒に考えていきませんか？

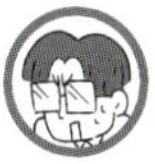

私もこのような働き方をいつまで続けることになるのか？　不安を抱えていたところなので、解消できるならとても助かります。

信頼関係をつくる「ラポール形成とは？」

精神医療の現場では、心理的な治療を行うために、古くからセラピストと患者の関係性が重視されてきました。患者が心を開いて、治療に前向きに取り組むことが施術の第一歩だからです。そこで良好な人間関係を築くために使われるのが「ラポール」という概念です。フランス語で「橋をかける」という意味を持つ言葉ですが、「精神感応」と訳されることもあります。この**ラポールは相手がどんなコミュニケーションを取りたがっているのか、お互いに察している状態**を指します。

もともとは心理学の用語でしたが、近年は、ビジネスの世界でも、このラポールを形成する重要性が叫ばれています。なぜなら、ビジネス上でも相手の意見に素直に耳を傾ける状態を作れると、会議や仕事上のやりとりでも、ストレスなく自然なやりとりができるようになり、また、営業活動でも相手から信頼されやすくなり、契約獲得につながりやすくなると考えられるからです。自分でやったほうが早い病の人も、部下や同僚と信頼関係が上手く構築できていないため、仕事を他人に任せようとせずに、とにかく自分でやるという選択肢を取りがちです。

そんなラポールを築くためには、**「尊重」「類似性」「ペーシング」を意識することが**大切だと言われています。**ラポール形成では、相手の価値観や体験、感情など、相手のもっている世界観を尊重する姿勢が大切**です。相手の価値観は否定せずに受け入れることが求められます。それが尊重です。また、相手とちょっとした姿勢や身振り手振りが似ていることで、安心感や好感を抱きやすくなるため「類似性」も重視されます。そして、ペーシングとは、呼吸や話し方、視線などを相手に合わせることです。具体的な行動を相手に合わせることによって、安心感や親しみを醸成することができると言われています。

自分でやったほうが早い病の人に聞いた
《他人に任せられない理由》とは?

今回、「自分でやったほうが早い病」では？と自覚がある働く人たちに対して、聞き込み調査を行いました。そこで寄せられた意見の一部をご紹介します。

自分でやってしまう理由として、「自分なりの仕事のやり方があり、それと違う結果が戻ってきた際には、手直したくなります。ですが、それをしていると手間がかかってしまうので、他人にお願いすることを避けてしまう」「人に頼っているてしまうと、その仕事を奪われてしまうんじゃないかという恐怖心があります」「協調性がないわけではありませんが、どんな作業を手伝ってもらえばいいのか、頼み方がわからない」といった声がありました。

また、「手伝ってもらった作業の仕上がりに納得ができず、いつも直して提出しているうちに、もう頼まなくなりました。人間不信というか、他人の仕事を評価していないのかもしれません」といった、部下や同僚との信頼関係について言及する声もありました。

「忙しいときは、みんなだって忙しい」

第2章

「自分でやったほうが早い病」は、どうしていけないのですか？

第2章

「自分でやったほうが早い病」は、どうしていけないのですか？

「自分でやるほうが早い！」と仕事を一人で抱え込んでしまっている。もちろん本人がそんな働き方を変えたいと悩んでいるのなら、改善すべきでしょう。また、納期が遅れることによって取引先に迷惑がかかる、見かねた周囲の人が頻繁に手伝うことで職場が混乱しているなど、一人のスタッフが仕事を抱え込むことによって、トラブルが発生しているのなら、対応策を考える必要があるでしょう。

一方で本人が頑なに働き方を変えず、また職場がそれを良しとしているなら問題ないのでは？といった意見もあるかもしれません。「自分でやるほうが早い病」の人が職場にいると、どんな問題が起こるのでしょうか？　続いては「自分でやったほうが早い」といった姿勢で働き続けることによって引き起こされるトラブルや問題点について考えていきます。

デメリット

手伝ってもらう＝業務が共有化
ひとりで抱えると仕事が属人化する

私が『自分でやったほうが早い病』じゃないかと、先生は表現していましたが、実はあまり実感がありません。与えられた仕事をひとりでこなすことが、どうしていけないのでしょうか？　まるで病気であるかのように言われることに違和感があります。

では、『自分でやったほうが早い病』のデメリットをビジネスマネジメントの観点から指摘させていただきます。まず複数人で一つの作業をすることが

できるとしたら、そのほうが早く終わるはずです。それはわかりますよね？ ということは、**チームで対応できることを、ひとりで行うことのほうが非効率**だということになります。だから仕事の効率面から考えると、自分でやったほうが早い病の人の働き方は、決して良い働き方ではないと言えると思います。それは理解していただけますか？

言われてみれば、そうですね。でも、それは理想論じゃないですか？ 現実的には職場で一人一人に担当業務が与えられています。もちろんチームや班で動いていることも多いのですが、すべての工程をみんなで分担しているわけではないと思います。

おっしゃる通りです。ですが、一人一人が担当業務を行うと同時に、それぞれの業務をチームで共有することが大切です。その人にしか担当できない業務があれば、病欠のときに困りますし、あるいは十分な引き継ぎがなく、担当者が退職してしまえば、その時点で**長年培ってきたノウハウが失われてし**

まうことになりかねません。

とくに重要な業務を担当している人の場合には、**抱え込むことで、業務が属人化することは影響が大きく避けなければいけません。**企業の側から考えると『自分でやったほうが早い病』には、そんなデメリットがあり、改善すべきだと言えるのではないでしょうか。

一人でできることを複数人で担当することのほうが非効率な働き方に思えますが……。あと属人化とは何ですか？　はじめて耳にする言葉です。

失礼しました。耳慣れないビジネス用語かもしれません。さきほど、誰かに手伝ってもらう際に、業務内容を説明する時間がもったいないとおっしゃっていましたが、ということは、もし、病気や体調不良、あるいは退職して、担当者がいなくなってしまうと、その人がやっていた業務を誰も知らないという状態に陥ってしまいませんか？

仕事が停滞するだけではなく、担当者が日々の業務で培ってきた知恵やノウハウもあるはずです。それが継承されずに、**仕事のクオリティや進捗が特定の人に依存してしまうことの弊害を、一般的に『属人化』と呼んでいます。**

なるほど……。確かに私が担当している作業を一番理解しているのは私ですし、もっとも上手くこなせるのも私ですね。それが自分にとっての誇りにもなっているのですが、会社から見れば、それが共有されないのは、あまり良くないことなんですね。
とはいえ、私はイチ社員なので、会社組織のことよりも自分の働き方を優先したいと感じてしまいます。いい仕事をして、それを評価してもらって、給料をあげてもらいたいという欲求があります。もしマニュアルを作ったりして、業務内容を共有することができるように仕事のやり方を改善することができれば、仕事をひとりで抱え込んだ状態になったとしても問題がないということにはなりませんか？

そうですね、それで解決できる面もあるかもしれません。ですが、**すべての**

要点をマニュアルに落とし込めるかといえば、そうとは限りません。経験値やノウハウのようなものがこぼれ落ちてしまうこともあります。また、集合知という言葉があるように、ひとりの人間が指摘できるノウハウやアイディアには限界があるのではないでしょうか？

たとえば、**多くの人がその業務に関わることによって、効率化のための気づきやアイディア、あるいは業務フローの改善点や問題点も一人のときよりも多様な意見・アイディアが集まる**のではないでしょうか？

どういうことですか？

多くの人が関わることによって、マニュアルはもちろんですが、作業のやり方にも多様なノウハウを詰め込むことができるはずです。さまざまな意見が集まることによって、作業効率があがり、**誰が担当しても一定レベルの仕事が遂行できる体制**になっていきます。

自分が一番担当している業務に詳しく、上手にこなせるとおっしゃっていましたが、本当にそうなのでしょうか？　もちろん仕事ができることは否定しませんが、他の人のやり方や知恵を加えることによって、いまよりもさらにもっと業務を改善できる可能性はありませんか？　気を悪くされないでほしいのですが、あくまでいまのやり方がベストではない可能性があるということです。これも組織の論理に聞こえてしまうかもしれませんが……。

なるほど。確かに言われてみれば、そうかもしれません。思い起こせば、一人で作業分担をするためのマニュアル・資料作りをしていると、誰かのために自分のアイディアを無償で公開しているような感覚になってきて、イライラしてくるといった経験がありました。

でも、あくまでみんなでノウハウを共有するために作業をしているのだと考えると、そんな思いが消えて、気楽に考えられるような気がしてきました。自分の手柄のように振る舞っていたのが、恥ずかしく思えてくるから、不思議な気分です。

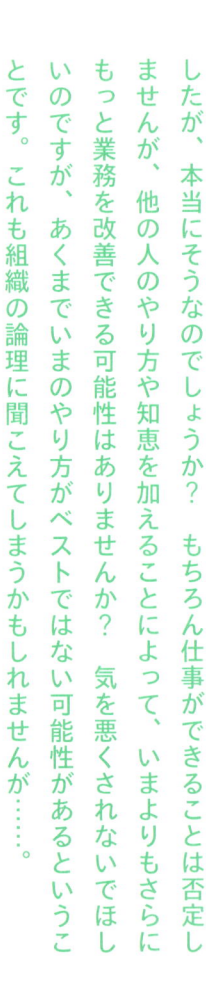

一人が仕事を独占して、誰もそれに関与することができない、いわゆる業務のブラックボックス化が起こってしまうことが問題です。それが属人化のデメリットの一つでもあります。一人の担当者に業務を任せていると管理しやすいですし、トラブルも起きにくいというメリットがあるのですが、その人に委ねすぎると、作業が固定化して、本当はもっと効率的なやり方があるかもしれないのに、**アイディアが生まれず、イノベーションが起きにくくなってしまう**という問題が考えられます。

自分が誰よりも上手にできると自負していたのですが、確かに私が気づかない作業を効率化する方法があるかもしれませんね。自分のやり方が一番だと誇りに思っていたのですが、改めて指摘されると、確かに私が思い付かない仕事の仕方や視点はあると思います。それは否定できません。

ありがとうございます。さすが理解が早いですね。**仕事を抱え込む人の多くは、仕事ができる人**です。できるからこそ、業務を任せてもらえるわけです。

経験が浅く、業務をスムーズに行えない人なら、会社もはじめから一人に任せたりはしないはずです。トラブルが起きないように、サポートできる人を必ず配置するでしょう。そして、抱え込む人の多くは、真面目すぎる人が多いという印象があります。**残業してまで与えられた仕事を全うしようと考える**わけですから。不真面目な人だったら、さっさと他の人に終わらなかった仕事を依頼して、自分は休もうとするはずです。

褒められているのか、けなされているのか、わからないですね（笑）。

もちろん褒めていますよ。他人への依頼の仕方や残業をしてまで取り組んでいるような仕事への向き合い方に対する意識が変化すれば、意外と簡単に解決する問題だと思っています。続けましょう。

仕事を抱え込む人がいることの、もうひとつのデメリットとして、**人が離れていってしまうリスク**があるという点が挙げられます。部下の気持ちになって考えてみてください。自分でやったほうが早いと仕事を独占する人がチームにいたとして、その人の下で仕事をしたいと思うでしょうか？　きっとあの人は仕事を独り占めして、教えようとしてくれない。他の人の下に就くことでもっと仕事を覚えたいと思うのではないでしょうか？　そうなると周囲から意欲のある人が去っていってしまう可能性があります。**経験が浅い人や若手の成長の機会を奪っている**ことになります。

自分のことに精一杯だったので、気づきませんでしたが、そう言われると確かに先輩・同僚としては一緒に働きたくないと感じているように思います。少なくとも自分が部下だったら、私みたいなリーダーの下では働きたくないと感じますから。もちろんちょっとショックですが、確かにご指摘の通りかもしれません。

あとは、よく指摘されることではありますが、人が去っていかなかったとしても、**後任者が育たない可能性が高くなる**という点は大きなデメリットでしょう。

誤解がないように言っておきますが、私だって毎回、仕事を独占しているわけではないんです。ときにはそういうこともあるという状況です。できるだけ仕事をのやり方を教えたり、マニュアルを作っていこうと思いますが、それで後任は育成できますよね？

もちろんマニュアルを作成することは大切です。それを守ることで誰が担当しても一定のクオリティの仕事をすることができるようになるからです。ですが、人材育成の観点からは、少々意見が異なります。

権限を与えて、仕事を任せないと人は成長していきません。経験値が溜らないし、何よりモチベーションが高まっていきません。とくに単純作業ではなく、**クリエイティブな発想やアイディアが求められるような仕事の場合には、トライアンドエラーを繰り返して、自分で考えることによって、人は成長していきます。**したがって仕事を独占する人がいると、若手が成長する機会が減り、後任者が育っていきません。それはマニュアルを作って、作業の仕方をオープンにすることとはまた別の作業になります。

そうですか……。マニュアルを整備するだけではダメなんですね。私はリーダーの経験も浅いですし、与えられた仕事をこなすことに集中しすぎているのかもしれないですね。上司からリーダーとしての仕事をしてほしいと言われていた意味がようやく理解できてきたように思えます。
ただ、いざ、仕事を誰かに任せようと思っても、何をどうやって依頼すれば良いのかわかりません。なぜなら、頼んだことがほとんどないからです。そういうリーダーとしての経験のなさが、仕事を抱え込む原因になっているのかもしれません。先生と話をしていると、そんな気になってきました。

対話していると、冷静になって、周囲が見えてくることもありますよね。もし、優秀な後任者を育てることができれば、複数で慣れた作業をこなせるようになるわけですから、作業の効率のアップに必ずつながります。そうすれば、一人一人はいまよりも楽に働けるようになるはずです。

とくに**『自分でやったほうが早い病』の方の多くは能力が高く、培ったノウハウを共有することができれば、優秀な後任者が育てることも難しくない**はずです。そういう面でも他人に任せることはメリットが大きいのではないでしょうか。

【覚えておきたい！他人を頼るための心理学】

チームのメンバーが安心して発言するために欠かせない心理的安全性とは？

組織行動学を研究するハーバード大学のエイミー・エドモンドソン教授が提唱した心理学用語が**心理的安全性**と呼ばれるものです。これは**対人関係で、もしリスクのある行動を取ったとしても、チーム内で安全性が保たれることが共通認識となっている状態**のことを指す言葉です。自分のアイディアや気持ちを、オープンに発言できる状態が、それです。

会議などで一部のメンバーのみが発言し、活発な議論が起こらない。そんなことはないでしょうか？　それは「もしも誤った発言をしたり、的外れな意見を言ってしまったら、どうしよう……」「意見が対立して、衝突したらどうしよう……」と、心理的安全性が低くなっている可能性があります。不安なく、メンバー全員が率直に意見を表明したり、アイディアを披露できるような環境に改める必要があります。

こうした「心理的安全性」は近年、改めて注目を集めていますが、それはグーグル社が２０１６年に発表した研究結果が大きく関係しています。同社では２０１２年からプロジェクト・アリストテレスという生産性を向上するための計画を実施していますが、そのなかで**心理的安全性はチームの生産性に重要な影響を与える**と指摘しています。

『自分でやったほうが早い』と仕事を抱え込むメンバーがいるチームでは、他のメンバーがそのことを指摘できない状態になっている可能性があります。つまり心理的安全性が低く、働き方を改善すべきと、指摘することによって意見が対立することを恐れているかもしれません。意見やアイディア、そして感情を気兼ねなく言える環境になっているか、そんな視点でチームのメンバー同士の関係性を見直してみると良いかもしれません。

チームワーク強化やエンゲージメント向上などにも繋がると言われています。**自分でやったほうが早いと仕事を抱え込む人はコミュニケーションが不足している**と言われます。チーム内でコミュニケーションを活発に行うためには、安心して発言できる環境づくりも大切なわけです。

Case 1

ある「自分でやったほうが早い病」の人の《他人に任せられない理由》とは？

（経理職・Sさん）

誰かに手伝ってもらったときに、**あがってきた仕事に対して納得できない**というのが、私が他人を頼ることができないと考える一番の理由です。他人に任せるのなら、どの仕事をお願いするのか精査する必要がありますし、人を育てないといけなくなってしまいます。その時間を費やしたのに、もし、相手の能力が低ければ、仕事のクオリティが期待通りじゃないケースがあります。そうなると、時間の無駄だったと感じてしまいます。もちろん、差し戻して、もう一度、やり直してもらうこともあるのですが、そうなると期日に間に合わないこともあります。じっくり時間をかけても良い仕事だったなら、他人に任せても良いのかもしれませんが、そのような仕事は珍しいでしょう。

また、ノウハウが自分のなかに溜まっているので、自分で物事を判断できる優秀な人となら、一緒に仕事ができるかもしれません。他人に任せたとき、『どうすればいいですか？』と逐一、確認をしてくる人もいますが、それもイライラしてしまいます。**できれば聞かずに自分で判断してほしい**。それくらい、いちいち説明しなくても、考えればわかるでしょ？と思う気持ちが強くあります。

ただ、それでミスが生まれたとしても、自分の仕事ではないので、責任が持てません、とはいきません。こうなったら、仕上げは自分でやるという仕事の仕方をしなければいけません。いつも誰かに手伝ってもらうという働き方に変えていって、**常に自分に入ってきた仕事のうちの2、3割は誰かに回します**。そのような働き方に変えてしまわない限り、自分でやったほうが早い病は治らない。そんなふうに考えています。

「誰かが残業させられるなら、私が…」

彼氏と約束があるのに終わらない…
かして、私がやっとくよ
いいんですかセンパイ!!
早く行ってあげなー
ありがとうございます!
誰かが残業するくらいなら私がやればいい……
これが「自己犠牲マインド」である。
ワタシが残業すればいいのよ…
ブツブツ
ワタシが休日出勤すればいいのよ…

第3章

どうして自分でやるほうが早い病になってしまう人がいるんですか？

第3章

どうして自分でやるほうが早い病になってしまう人がいるんですか？

任せたくても、頼み方がわからない。手伝ってもらった作業の仕上がりに納得ができない。大型の案件は独占して自分の実績にしたい。作業内容を説明するのに時間がかかり、自分でやったほうが早いと思ってしまう。さまざまな理由から、仕事を一人で抱え込んでしまう人がいます。そんな人がチームにいることで、業務が滞ってしまう可能性があるため、解消すべき問題です。

本人に仕事を抱え込んでいるという自覚があればまだ良いですが、中には気付かないうちに、「自分でやるほうが早い病」になっている人がいるかもしれません。いったいどんな人が「自分でやるほうが早い病」に陥ってしまうのでしょうか？

続いては、仕事を一人で抱え込んでしまいがちな人の人物像について考えていきます。

陥りやすい人の特徴

責任感が強く、真面目に仕事に取り組んでいる人

自分でやるほうが早いと仕事を抱えている人がどんな気持ちを抱いているのか、よくわかりました。少し話題を変えて、なぜそのような考えに至ってしまったのか？　どんな人が陥りやすいのか？　考えてみることにしましょう。それを解き明かすには、少し人となりを教えていただく必要がありそうです。プライベートな話題を含めて、いくつか質問させていただいて良いですか？　まずは家族構成を教えてもらえますか？

3歳上の兄がひとり、そして2歳下の妹がひとりいます。3兄妹のいわゆる真ん中として育ちました。

どんなお子さんでしたか？　子どもの頃のご自身を振り返って、とくに思い出すエピソードがあれば、教えてください。

そうですね。まず小学生のころはたくさん習い事をしていたので、放課後や休日はそれに費やしていました。習字やそろばん、学習塾、そしてスポーツも水泳やラグビー、ミニバスケットボール、ソフトボールと、いくつも習い事を掛け持ちしていました。英会話も習いたいと親に頼み込んだのですが、さすがに時間の余裕がなく、断念した思い出があります。

それはなかなか忙しい小学生時代ですね。そんなにたくさんの習い事をしていたのなら、遊ぶ時間がなかったのではないですか？

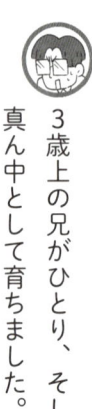

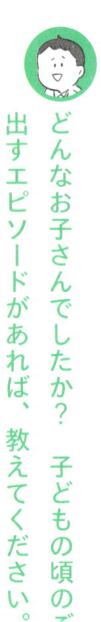

確かに忙しかったのですが、なんだかんだ隙間時間を見つけて友だちと遊んでいました。さきほど挙げた習い事をすべて同時期にやっていたわけではなく、時期が多少ズレているものもありますから。

それでも忙しそうですね。それらの習い事は自分からやりたいと言ってはじめたのですか？

半分半分ですね。ミニバスケットボールなんかは自分からやりたいといってはじめたのを覚えていますが、習字やそろばん、水泳なんかは上の兄が習っていたこともあり、ついでに通うようになったように思います。あと育った地域に、習い事に対して、積極的な家庭が多かったので、友だちも同じような生活をしていました。だから、当時は習い事が多いとは感じていませんでした。それが普通の小学生の生活だと思っていました。

なるほど、わかりました。ありがとうございます。ちなみに習い事には一人

で行っていたのですか？

習い事によりますね。水泳などは車で通うような距離にスイミングプールがあったこともあって、親に送り迎えをしてもらっていました。でも、あとは、だいたい一人で自転車に乗って通っていましたね。田舎だったので、みんなそんな感じでしたよ。

そうですか。じゃあ、一人で行動したり、お稽古やトレーニングをすることも多かったんですね。わかりました。ほかには幼少期のことで覚えていることはありますか？

振り返ってみると、ずっと早く独り立ちしたいと思って育ってきたかもしれません。別に兄弟や両親と折り合いが悪かったわけではありませんし、極端に厳しく育てられたわけではないのですが、3兄妹の真ん中で育ったこともあり、両親が何かと面倒を見て育てる第一子と、同じく手をかけてもらえる

末っ子に挟まれて、育ってきました。

両親は分け隔てなく育ててくれていたと思うのですが、私は幼い頃から自分が**わがままを言ったら困るんじゃないかと感じ、あまり自己主張をしない**よう気をつけていました。いい子を演じることを考えながら、暮らしていたような気がします。実際、両親からは手がかからない子どもだったと当時を振り返って、言われることがあります。でも、自分としては本音を抑え込んでいたので、幼いながらに、いつかはもっと自分の意思を優先した生き方をしたいと思っていました。

そんな思いを抱えていたんですね。どれくらい兄弟の年齢が離れているかにもよりますが、第二子は、上と下の子の世話に手がかかる分、自立するのが早い傾向にあると言われますね。

ほかには、何かを買ってほしいと思っても、いつも兄のお下がりばかりで、自分だけのものがほしい、**独占したいという不満を抱えていた**気がします。

『新品がほしい！』と、わがままを言ってみたいけれど、それを言ったらきっと親を困らせてしまうだろうと、願望と自制をしないといけない感情の狭間で、揺れていたように思います。

もちろんこういった感情もいまから振り返ってみればという話ですし、子どもだったらそのような思いを抱くのは自然なことなので、特別な話ではないと思いますが……。

兄と妹に挟まれて、少し自分の行動・感情に制限をかけていたということですか？　親の顔色をうかがいながらの生活で、いわゆる空気を読んでいたと言いますか？

そうですね。あまりわがままを言ってはいけないなと、子どもながらに勝手に気を遣っていました。一方で、もっと自由に行動してみたい。自分の思い通りにしてみたら楽しいだろうなと不満も感じていたと思います。

みんなそんな一面を持って育つとは思うのですが、大学生になり、ひとり暮らしをはじめたときには、これからは自分で何もかも決めて、自分の責任で行動できるんだ！と、大きな喜びを感じたことを覚えています。引っ越しの作業がひと段落して、干渉してくる人がいない、一人きりの部屋を見たときに、感じた解放感はいまでも鮮明に覚えています。

それは、どんな解放感だったのですか？

よくある解放感ですよ。今日から『早くお風呂に入りなさい！』『いつまで寝ているの？』などと、生活態度を親に注意されることがなくなるんだと思ったら、うれしくて仕方がありませんでした。引っ越しの段ボールを荷解きしながら、誰もいない部屋を見て、そんな感慨にふけった一人暮らしの初日をよく覚えています（笑）。

確かに一人暮らしをすると多くの人が感じる解放感かもしれませんね。ただ、一人で暮らすようになると、炊事や洗濯、掃除など、いままで親がやってく

れていたことをすべて自分でやらないといけないですよね。自由になると同時に責任が生じるようになります。それをストレスだと感じることはなかったのですか？

そうですね。この解放感が責任を伴うものであることはすぐに痛感しました。まだ大学生だったので、朝早く起きて、学校に行かなければいけない日もありました。それまで寝坊したら親が起こしてくれることもありましたが、もう自分で起きないといけない。それは苦痛でしたし、最初は苦労しました。何度も寝坊して、授業をすっぽかしてしまったこともあります。

また、掃除が行き届かずに、かなり部屋を汚してしまったこともありました。とくにお風呂やトイレはひどい有様でした。ただ、一方で炊事や洗濯は実家で暮らしていたときから、少しずつ自分でやるようにしていたので、家事の面では慣れていたと言えるかもしれません。

実家暮らしなのに、家事を手伝っていたんですか？　そういうところはしっ

かりしていますね。自分でやったほうが早いと仕事を抱え込む人の多くは、**能力やスキルが高く、何事もやろうと思えばできるんだといった自信・自負を持っている人が多い**のが特徴です。そして、実際に仕事ができる能力の高い人が多いと思っているのですが、自分のことは自分でやろうという、独立心や行動力が要領の良さを育むルーツになっていたのかもしれませんね。

わかる気がします。家事については自分でできたほうが、お腹が空いたときに、親に頼む必要もなく、すぐに食べられます。思えば、学生のときも家に帰ってきて、夕食前にお腹が空いていても、何かを作ってと頼んだことがない気がします。勝手に冷蔵庫を開けて、自分で作る。最初は簡単なものからスタートしたと思います、そうやって自分で解決しました。

一人暮らしをはじめてからも、自炊は節約にもなりますし、自分で作れたほうがメリットも大きいだろうという感覚がありました。それに、やり方や手順さえ押さえれば、誰でも簡単な料理なら作れるようになるのが良いなと感じていました。家事はちょっとずつスキルアップしていくような感覚が得られるので、自分に合っていると感じていました。

はじめは初心者でも、段階を踏むことで少しずつできることが増えていく。そのことに気づいて、同時に何事も自分で解決しようとするマインドや自信が、育まれたのかもしれませんね。一方でその意識が誰にも頼らずに一人で仕事をこなそうという姿勢につながっているのかもしれません。旺盛な独立心や責任感が、ネガティブな方向に作用したと言えるかもしれません。仕事のやり方についてですが、いまのような働き方になったのはいつからですか？

私はいわゆる超氷河期世代です。大学卒業時には就職先が少なく、厳しい就職活動を強いられました。内定をいただいた会社もあるのですが、希望する職種・業界ではなく、迷ったのですが、就職せずにフリーランスとして働くことを選択しました。

就職してから独立したのではなく、はじめからフリーランスを選んだのですか？　それは大変でしたね。

そうですね。最初は仕事を得るのにとても苦労しました。ただ、大学卒業後にフリーターや派遣社員になる人も多くいた時代です。自分が特別なことをしているという意識は薄く、チャレンジしてみて、生活が本当に苦しかったら、そのときはもう一度、就職活動をすればいいか。そんな楽観的な見通しでした。そして、フリーライターのような形で、営業をはじめました。

大学を卒業して、いきなりフリーライターとして仕事ができるようになれるものなのですか？

珍しいキャリアかもしれませんが、問題なくなれます。運もあったのかもしれません。ただ、ライターや編集者というのは、とくに資格が必要な仕事ではありませんし、文章は誰にでも書けます。もちろんコツのようなものはあ

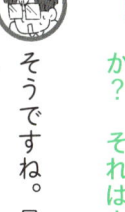

りますが、出版社の編集担当者から認められれば、未経験からでもはじめられる仕事です。私の場合には、仕事をくださいと手あたり次第に営業をして、チャンスをもらうことができました。

そうでしたか。確かにイラストレーターやカメラマンといったクリエイティブな職業の方々も、名刺を作って、イラストレーターやカメラマンを名乗ったら、そのときがキャリアのスタートだと聞いたことがあります。それは本当のことだったんですね。てっきり実力が認められてから、キャリアがはじまるのかと思っていました。

そういう方もいると思いますが、タイミングが良ければ、『じゃあ、やってみますか？』と依頼が来ることがあります。その仕事で認められれば、続けることができますし、この人はダメだと実力を疑われたら、もうやっていけない。そんな厳しさもありますが、他のフリーランスの方や、個人事業主の方々は同じようなものではないでしょうか？

八百屋さんでも仕入れ先と、ある程度の資金があれば、スタートできると思います。お客さんから認められれば、続けられるでしょうし、2度と買わないと思われるような商品しか置けなかったなら、倒産してしまう。それと同じことではないでしょうか？

言われてみれば、そうですね。どうやってお店に入ってもらうのか？　そして、買って満足してもらえるのか？　それが大事なポイントかもしれません。仕事のやり方については、どのように学んでいかれたのですか？　ＯＪＴというお話もされていたと思いますが。

そうですね。わからないことがあれば、先輩のフリーランスの方に尋ねて教えてもらったり、あるいは同業者の方々の仕事を見ながら、見よう見まねで学んでいきました。

なるほど。お聞きしていると、１から手取り足取り、仕事を教えてもらうと

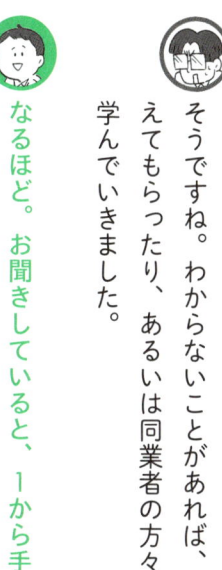

いうよりは、やりながら自分で学んでいった点が多そうですね。それで大きな失敗をしてしまうようなことはなかったのですか？

もちろんあります。担当の編集者からそんなこともわからないの？と怒られてしまったり、何度も原稿を書き直すハメになったこともあります。二度と仕事をくれなくなってしまった担当者もいますが、幸い、大きなトラブルには発展せず、何とか今日まで続けることができています。

そうやって**自分で学び取って来られたからこそ、他人に対して要求が厳しかったり**、どうしてこんなことができないの？と相手を信用できないことがあるのかもしれないですね。しかも、そうやって勝ち取ってきた経験というのは仕事をする上で大きな自信になりますから、常にその**経験を軸に他人を評価したり、仕事のやり方を構築しがち**です。一方で、それが『自分でやったほうが早い』と仕事を抱え込んでしまう一因になっているのかもしれません。

確かに、要領が良いわけではない、自分ではそう自己評価しているのですが……、自分のような人間ができたのだから、他の人も同じようにできるはずだ。そんなふうに考えがちなところはあるかもしれません。たとえば、手伝ってもらった作業が戻ってきて、目を通してから提出しようと、内容を確認していると、どうしても自分がやっている普段の作業と質を比較してしまいます。そして、**自分と同じクオリティに達していないと、とてもストレス**を感じます。

そこまで難しい作業ではないはずなのに、これくらいのことがどうしてできないんだろう?と、最終的には相手のスキルや能力を疑ってしまいます。あまりに納得できないレベルだと、もう頼みたくない能力の低い相手だとレッテルを貼ってしまうことがあります。自分ができたんだから、あなたもできるでしょう? そんなふうに頼んだ相手のことを見てしまうのは否めません。

作業する人によって、完成度や細部の仕事に違いが出るのは仕方がないように思いますが、**どうしても自分と同じように作業をしてくれないんだといった不満が募る**んですね。何をもってその業務のゴールとするのか明確になっていないのに、提出した作業の出来で、能力を査定してしまいます。それで査定されてしまう相手が気の毒です。

確かにそうですね。これも私がこれまで他人を頼ってこなかったせいなのかもしれません。自分が優秀な人間だと言うつもりはありませんが、どうして伝えたことをきちんとこなしてくれないんだろう？と不満が先立ってしまいます。

自分もこの業務に就くにあたって、しっかりと研修を受けてきたわけではありません。ＯＪＴで先輩から学んで、あとは自分なりに工夫して仕事をこなしてきました。そのため、仕事の学び方に関しては多くの人と同じ境遇です。特別な訓練を受けてきたわけではないため、他の人と同レベルだという意識があります。そして作業のクオリティも、自分と同じレベルのものを求めてしまう一面があることは自覚しています。

マネジメントの基本でもありますが、他人に何かを任せる際にやってはいけないことの一つに、**『任せたら口を出してはいけない』**といった考え方があります。**任せると言ったのに、あれこれ注文を出してしまうと、やる気が削がれます**し、やり方は一つではないので、それを押し付けてしまうのは良い結果を生みません。

それはとても理解できます。私も提出した成果物に対して、厳しいダメ出しをされたときには、とても不愉快に感じます。矛盾しているかもしれませんが、自分が他人の仕事をチェックする立場になると、厳しいダメ出しをしてしまいます。先生と話をしていると、とても自分が嫌な人間に思えてきました……。

また、こんな言い方をすると、印象が悪くなりそうですが、自分は他人のことをあまり信じていないのかもしれません。

他人を信じていないというのはどういうことですか?

他人に仕事を任せるということは、その人の能力を信じて任せることになりますよね。でも、指示通りにやってくれないと、どうせ今回も不十分な作業が届くんだろうなと、信頼度が低下していきます。それでも任せないと作業が終わらないため、手伝ってもらいますが、最初から提出される仕事の質は低いだろうと諦めています。

人を育てようとか、まったく考えることができません。信じられるのは、自分のことだけで、評価も私が直接手がけた作業の内容でしてほしいと、思っています。だから、リーダーには向いていませんし、一人で抱え込んでしまったほうが楽だと考えています。他人を心から信用できていないことも、『自分でやったほうが早い病』になっている理由のひとつのように思えてきました。

一人で仕事を抱えた結果、手いっぱいになったとしても、自分が残業して無理をすれば、片付くはず。だから、それでいいじゃないですか？と、おっしゃっていたのは、そういう気持ちが含まれていたんですね。自己犠牲といえば聞こえはいいですが、働き方改革が進む昨今では、管理する企業側も責任が問われますから、あまり良い勤労意識とは言えません。**他の人にお願いするときには適切な言い方を考えたり、丁寧に教えながら作業してほしいところを伝えるといった、いわゆるコミュニケーションを密にする必要**がありますが、そういった作業に煩わしさを感じているのかもしれませんね。業務内容を細かく伝えるのが、面倒だから、自分でやってしまったほうが早い。そんなマインドになっていませんか？

まさに、それです。仕事を独占したい、仕事ができないと思われたくない、それらも『自分でやったほうが早い』と感じる理由のひとつですが、けっきょくは、**頼んだり、指示したり、説明したり、そういった一連のコミュニケーションが苦手で、煩わしさを感じている**のかもしれません。

リーダーになったことで、それまでは自分の仕事に集中して、そこで成果を出していればそれで良かったのに、チームをまとめた上でグループとしての仕事を会社から求められています。そういった役割の変化に私が追いついていないことが、根本的な原因になっている気がしてきました。

コミュニケーションが苦手で煩わしさを感じてしまうということですが、子どもの頃や学生時代はどうでしたか？　友だち付き合いもあまり得意ではありませんでしたか？

そうですね。学校でも友だちがたくさんいるというより、決まった友だちといつもいる感じでした。仲良くなるまでには時間がかかるのですが、一度、関係性ができあがると、お互いの考え方や趣味、距離感が把握できているので、ストレスもありません。

では、学生の頃から、いまとあまり変わらないような人付き合いをされてき

たんですね。

部活ではバレーボールやバスケットボールといったチームスポーツをやってきましたが、チーム全員と仲が良いというより、そこでもいつも決まった数人とつるんでいました。確かに学生時代と変わらない人付き合いになっていますね。なんだか成長していないようで、お恥ずかしいですが……。

こうした会話を通じて、その人が心の奥底ではどのように考えていて、問題がどこにあるのか、明らかにしていくのが、私の仕事ですので、少し光明が見えてきた気がします。

一方で、ビジネスマネジメントの観点からお話しすると、職場でのコミュニケーションが苦手で、面倒だと感じる人は多くいます。ただ、それは性格に由来するというより、慣れだと思っています。頼むときのポイントやコツ、人への任せ方を学べば誰だって、他人を信頼し、任せられるようになっていくはずです。せっかくなので、頼み方も学んで行ってください。

【覚えておきたい！他人を頼るための心理学】

失敗から身を守るための言い訳を準備するセルフハンディキャッピングとは？

失敗してしまったとき、素直に非を認めて謝りますか？　それとも、周囲からの評価が下がることを恐れて、言い訳に走ってしまいがちですか？　誰だって評価が下がることは避けたいはずが、**自己をあえて低く見せることで、周囲の評価を得ようとする行動のことを、心理学ではセルフハンディキャッピング**と呼んでいます。セルフハンディキャッピングは、意図的に自分に制約やハンデを課す行為だと言えます。

たとえば、重要な試験の前に昼寝をしたり、漫画を読んだり、意図的に時間を無駄に過ごし、他の優先事項に取り組むといった行動があげられます。自信のなさを隠したり、ミスが起こることをあらかじめ想定して、本来だったら目的を達成するために全力を尽くすべきところを、あえて自分自身に不利な条件を与えて、結果が出にくくなるような要因を作るわけです。

プライドを守るためや、成功や失敗の原因を外的要因に押し付けることで自己肯定感を保ったり、あるいは自己の能力に対する疑念を払拭する目的で行われると考えられています。

自分でやったほうが早い病の人は、頼むのが苦手で、頼ったときの仕上がりが悪いかも知れないと、リーダーとして自分を低く評価して、振る舞いがちです。本当にリーダーとしての能力がないのでしょうか？　単に避けているだけではないのか？　自分は他人の頼るのが苦手という言い訳を過度なセルフハンディキャッピングとして使っていないのか、ときには冷静になって、自らの仕事を振り返ることも必要なことかもしれません。

Case 2

コミュニケーションスキルが乏しい私が《他人に任せられない理由》

（事務職・Kさん）

自分はコミュニケーション能力が高くない人間であるという自覚があります。人付き合いは苦手ですし、人見知りです。気をつかえずに、ストレートに自分の意見を言いすぎるところもあります。一人でこなしている日々の仕事には自信を持って臨んでいますが、コミュニケーションに問題を抱えているため、他人と一緒に作業するとなると、途端に効率が悪くなってしまいます。

チームで分担して作業するときには、頼み方がわかりません。**本当はやってほしい仕事があるのに、伝えるのが面倒だから自分でやってしまおう**と思ってしまうこともよくありますし、面倒な仕事を割り振られたなと相手に思われたくないので、やむなく自分で作業することもあります。

思い切って、担当してほしい仕事を割り振れたとしても、自分のコミュニケーションスキルの問題で、作業内容がうまく伝わらず、思っていた仕上がりで上がってこないこともあります。また、社内ではTo Doリストを共有していることもあり、誰かに手伝ってほしいときに、みんなの忙しい様子が目に見えてしまい、それで気持ちが萎えることもあります。**忙しそうにしている人に、とてもじゃないけど、頼めない。**だったら、**自分でやってしまったほうがミスも少ないし、トラブルも起きないだろう。**そんなふうに考えてしまいます。

最近ようやく、こうした経験を何度かすることで、自分で仕事をこなす能力と、人も任せる能力がまったく別物なのだとわかってきました。コミュニケーション能力を磨いて、頼み方を教えてもらわないと、一生、自分でやったほうが早いと、多くの仕事を抱え込んだ働き方を続けてしまいそうです。

「ありがとう！　でも、ここを直したい！」

センパイ
頼まれていた
資料です！
ありがとう
助かったよ
また
いつでも
言って下さい！
その後
誰も見ていない
ことを確認して
ものすごい勢いで
修正する。
カタカタ
カタカタ

「忙しい！ でも、その仕事は私がやりたいの」

第4章

もし他人に任せられたらどんなメリットがあるのですか？

第4章

もし他人に任せられたらどんなメリットがあるのですか？

一人で仕事を抱え込んでしまうと業務内容やノウハウ、進捗などが共有されずに、属人化。後任者が育たないというデメリットも発生します。もし他人に任すことができたら、こうしたデメリットが解消できるはずです。また、同時に抱え込んでいた人のキャリアや人生にさまざまなメリットがあると考えられます。続いては、他人に任せることで得られるメリットという観点から、「自分でやったほうが早い病」についてて考えてみることにしましょう。

メリット

自分の人生をより豊かに充実させることができる

一人で抱え込んでしまうことで起こるトラブルやデメリットについて、解説させていただきました。もう少しこのままお話しましょうか。もし、抱え込んでいる仕事を他人に任せることができたら、ご自身にはどんなメリットがあると想像しますか？

そうですね。もし抱えている仕事の一部を他人に任すことができるようになったら、その分、仕事の負担が減るということになるので、**空いた時間をプライベートに充てることで、生活にゆとりができる**と思います。趣味に使ったり、知人と出かけたり、あるいは家事ももっとちゃんとできるはずです。

そうですね。残業や休日出勤をしてまで、担当業務をひとりで終わらせてい

たわけですから、それが不要になるでしょう。平日も仕事以外の時間をもっと持てるようになるはずです。それは仕事を他人に任せることで得られる大きなメリットで魅力的だと思います。

また、日々の業務でも、**これまで切羽詰まってやっていたような作業が、ゆとりを持って取り組むことができるようになる**かもしれません。提出期限まで時間が生まれることで、少し見直してみたり、一つ一つの確認作業に充てることができるようになるわけですから、いままで以上にクオリティの高い仕事ができるようになる可能性がありますよね。

それは本当に思います。いまは忙しいため、自分でも妥協しているのではないかと不甲斐なく感じる部分があります。本当はもっと細部にまでこだわって作業をしたいのに、その余裕がなく、泣く泣く諦めていたところがありました。だから時間にゆとりができるのなら、もっと突き詰めて仕事に取り組めるのではないかと思います。

そうですね。**任せることができるようになれば、あなた自身の仕事のクオリティが上がる**ことにつながります。他人に任せてしまうことで、担当業務を一人で終わらせられない仕事のできない人だと思われてしまうのではないか？と危惧されていましたが、実は他人に任せたほうがやるべき仕事に集中することができるため、良い仕事ができる可能性が高まるわけです。

これは仕事に対するモチベーションが非常に高い人にとっては大きなメリットだと思います。とくに**自身の評価を高めることに時間を使うことができる**わけですから。

確かにそう言われれば、魅力的に思えますね。仕事ができる人だと思われたいという欲求がありますから、そこに集中できる環境を得ることができるのは率直にうれしいことです。

魅力的な仕事があったら、独占したい欲もあるとおっしゃっていましたが、そういうオファーが来るのは、仕事ができる証です。したがって、他人に任

せることで自分の仕事に集中できれば、大きな仕事に巡り合うチャンスもより増えると考えることができます。

それはうれしいですね。自分の仕事の質を高める機会をもらえるならば、それに応える自信がありました。なんだか、お話を聞いているうちに、どんどん任せることが魅力的に思えてきました。どうしてもっと早く気がつかなかったんだろう。

仕事はもちろんですが、空いた時間をプライベートの充実にあてることもできるはずです。家事に時間を費やしたり、それこそ退社後に映画や舞台を見に行ったりなど、趣味に使える時間も増やすことができるでしょう。希望すれば資格取得の時間に充てたり、英会話を習ったりと、**スキルアップ・自分磨きのために時間を使うことができる**と思います。

私はこれまで仕事一筋だった面があります。働くことが好きだということも

あって、人一倍頑張り過ぎていたと思います。だから、仕事を抱えること自体は、それほど苦だと思ったことはありません。少々ワーカホリックな面があったということですね。

だから、自分の時間が持てるといっても、かえって何をしたらいいのか、時間の使い方を想像しにくいのですが、それでもゆとりができることはありがたいですね。

仕事面でのメリットももちろんあります。せっかく仕事にゆとりができるので、リーダーとしての仕事に集中してみてはいかがですか？　そうすればチームとしてのパフォーマンスが上がりますし、後任者を育てることにもつながるわけですから、マネージャーとして評価があがっていくはずです。

あまり興味が湧かないのかもしれませんが、もともと仕事への熱意やスキルがある方なので、リーダーとしての素質もあると思います。それにどんな内容であったとしても、仕事で評価されるということはうれしいのではないでしょうか？

マネジメントをすることにはまだ喜びを感じないので、なんとも言えませんが、もうひとつのスキルが上がるだと考えれば、それはそれで良いことなのかもしれませんね。

マネジメント職もチームで成果を上げる喜びを実感したり、成長した後輩の姿を見たりと、醍醐味がありますよ（笑）。たとえばいまは自分がやった仕事を評価されることに一番、関心があるのだと思いますが、会社としてはリーダーに対して、チームでどれくらい成果があげられたのかといった視点で人事評価・査定をします。

そのため**自分の力で成功することを目指すより、チームでどのような成果をあげられるかに集中して、みんなで幸せになることを目指すほうが建設的**です。お子さんの頃にバスケットボールなどのチームスポーツをやられていたそうですし、こうしたスポーツを通じて、チームで勝つ喜びも経験済みではないですか？　得点を取ることができたとしても、チームが負けてしまったら、その喜びも半減するはずです。

子どもの頃の話なので、あまり実感はありませんが、それでもおっしゃっていることはわかります。まだチームの成果やみんなの幸せという言葉には、正直ピンとこないのですが……（笑）。

わかりました。では、また、少し質問を変えましょう。後任者を育てるということは、彼らから信頼されることにもつながります。あまり他人のことを信頼できないとおっしゃっていましたが、人から信頼されることは悪くないと思いませんか？　信頼されないリーダーでいるよりも、やはり信頼されたほうが良いですよね？

それはそうですね。リーダーとして信頼されるなんて、思ってもみなかったので、なんとも言えませんが、それで仕事がうまく回るのなら、悪くないかもしれませんね。

他人に仕事を任せられるようになって、頼める人がどんどん増えていく。そうなれば、仕事ができる人に囲まれるようになっていくわけですから、さらに作業が楽になっていくかもしれませんよ。まあ、もちろん、まとめる人数が増えていけば、その分、いろいろな問題が生まれるかもしれませんが、それはまた別の話です。ご自身がリーダーを務めるチームが、仕事のできるチームに生まれ変わっていくのは悪くないと思います。

頼める相手が一人ではなく、複数になると、困ったときにも依頼がしやすくなるので、助かります。その分、チームをまとめるのが大変そうなのが、心配な点です。

確かにマネジメントの問題はつきまといますが、あまり深刻に考える必要はないと思います。少しずつ学んでいけば良いことですし、何よりもチームのメンバーは、あなたがこれまで培ってきたノウハウや仕事の仕方を学んで、

成長していくでしょう。それは大きなメリットですし、リーダーへの一歩を踏み出したあなたにとっても財産になるはずです。メンバーから信頼を得るというのも悪くないと思いますよ。

仕事が楽になって、ゆとりが出てきたら、喜びに感じるのかもしれませんね。人に任せるメリットを教えていただき、ありがとうございます。なんとなくわかってきました。

自分を基準に他者を理解し、行動する自己中心性バイアスとは？

自己中心性バイアスとは、自分自身の視点や考え方を基準にして、他者を理解したり、行動を判断したりする心理傾向を指します。例えば、自分の意見が正しいと思い込んだ結果、他人の意見を受け入れられないといったことがあります。また、自分の気持ちや考えを優先し、それを他者に押し付けることもあります。

人は自分自身を高く評価したいという欲求を持っていますが、その欲求を満たすために、自分の視点や考え方を基準にして、自分を正当化しようとすることもあります。さらに人は、複雑な思考を避けるために、単純な思考に頼ってしまう傾向があります。自分の視点や考え方を基準にして、他者を理解したり、行動を判断したりするのはそのためです。思考を省力化することで、合理的に行動するわけです。

こうした姿勢は、自己中心性バイアスと呼ばれ、さまざまな場面で影響を及ぼすことになります。一例をあげると、ビジネスにおいて、**自分の意見を押し付けることで、チームワークを阻害してしまうリーダー**はあなたの周りにはいないでしょうか？　あるいは恋愛では、自分の気持ちや考えを押し付けることによって、相手を傷つけてしまうことがあります。他人の気持ちや考えを理解できずに、トラブルに巻き込まれてしまうこともあります。これらのトラブルはいずれも自己中心性バイアスに起因していると考えられます。

一方で、こうした自己中心性バイアスにも、良い面があります。たとえば、自分の意見をしっかりと主張することで、リーダーシップを発揮することができることもあります。そのため、他者の視点に立って物事を考える、他者の意見や考えを尊重するといったことに気づき、**自己中心性バイアスを意識的にコントロールすることができれば、より良い人間関係を築くことができる**わけです。チームの運営に苦労しているリーダーは、そんな自己中心性バイアスに自身が支配されていないか、冷静になることで、チーム運営が好転するかもしれません。

Case 3

こっちで直せばいいや、が癖になって…私が《他人に任せられない理由》(IT職・Mさん)

私の場合には、以前はよく人を頼っていました。締め切りまでに終わらないとわかった段階で、すぐに手伝ってもらうようにしていました。ただ、何度も手伝ってもらううちに、だんだん、他人にやってもらった仕事の仕上がりに不満を持つようになっていきました。

もうちょっとここをこうしてほしいのに。それを指摘するのは、相手を傷つけてしまいそうで、言い出すことができませんでした。**ちょっとした修正で済むなら、私が直せばいいか**。そんなふうにしていたのですが、それが癖になってしまい、大きな間違いがあったときも、その人には言わず、直すようになっていきました。気がついたら、もうこっちで直せばいいや、という考え方が染み付いてしまって、だったら自分でやったほうが早いのでは？と頼めなくなっていきました。

ただ、いまの上司になってからは変わりました。一度切羽詰まって相談したところ、**『一回はやってもらいなさい。担当者によっては、良いものが出てくることもある』**と言われて、心が軽くなった思い出があります。その言葉を知ってからは、それを信じて、一度は頼んでみることにしています。いつもそれがうまくいくとは限らないのですが、頼むことにまた慣れてきたので、効果はあったといえるかもしれませんね。

「指示書へのこだわりが止まらない」

頼みたい仕事があるんだけど
はい
資料作るからちょっと待っててね
わかりました!
もっとここ、こだわりたいな…
センパイ
カタ
カタ
カタ
もう帰っていいですか

第5章

どんな方法で他人に仕事を任せたらいいですか？

初級編

第5章

どんな方法で他人に仕事を任せたらいいですか？ 初級編

他人に任せたほうが自分の仕事が楽になるし、後輩が育つというメリットがあります。自分でやったほうが早い！と抱え込んでいた仕事を少しずつ手放して、チームで仕事をすることができれば、メリットは大きいでしょう。一方で、それは理解できるのだけれど、実際にどのように他人に任せたらいいのか、その方法がわからないといった声を聞きます。頼んだ経験が乏しいため、快く引き受けてもらうためのお願いの仕方がわからないと言うのです。

また仕事を振れば、それで問題なくことが運ぶわけではありません。ただ他人に任せるだけでは、責任を放棄した丸投げと変わりがありません。不本意に頼まれた相手にとっても迷惑で、良い結果を生まないことは誰もが知っているのではないでしょうか？　他人に任せるにあたって知っておくべきこと、注意すべきポイント。そして押さえておくべき心構えがあります。続いては、そんな**仕事を任せるときに備え、事前に覚えておきたいポイント**を、具体的に考えていきます。

他人への任せ方

任せるべき仕事と任せてはいけない仕事がある

他人を信頼せず、仕事を任せなかったときに起こってしまうリスクやデメリット、あるいはメリットをお聞きして任せることに少しずつチャレンジしていきたいという気持ちが芽生えてきました。でも、その経験があまりに乏しいので、うまく任せることができるのか、不安があります。もし事前に押さえておくべきポイントや絶対にやってはいけない任せ方などがあったら、

教えてほしいのですが……。

わかりました。そうですね、闇雲に任せる、いわゆる丸投げをすると、任された人も何を手伝えばいいのかわからずに、戸惑ってしまいます。クオリティの低い作業が上がってくる原因にもなりかねません。またうまく頼めない経験をしてしまうと、一人で抱え込む状態に戻ってしまうかもしれません。それでは逆効果です。まずは他人に自分の仕事を任せるときの心構えから教えていきましょう。

まず仕事を任せるべきだと、ご説明してきたのに話の腰を折るようで申し訳ないのですが、大前提として『任せて良い仕事』と『任せてはいけない仕事』があります。どんな仕事でも任せるべき、というわけではありません。なかには**任せていけない仕事があることを知っておくこと**は大切です。

任せていい仕事といけない仕事があるんですか？　はじめて聞く話です。どんな違いがあるのでしょうか？

そんなに難しい話ではないのですが、たとえば業務の中であなたにしかできないこと、あるいはあなたの実力を見込んで頼まれている作業があるのではないでしょうか？　いわゆる業務の核になるような大事な作業を指します。もし、そのような作業を他人に任せようと考えているのであれば、考え直してください。その仕事は任せるべきではありません。

たとえば**リーダーがやるべき仕事などは、メンバーに任せてはいけません。**チームで制作した資料や成果物を、提出する前にリーダーが最終チェックするという作業があったとします。どのような資料・成果物を提出するかで、チームの評価がされるのであれば、それは任せるべきではない仕事だと言えます。**最終チェックは責任を持ってリーダーがやるべき**です。

確かに私にしかできない業務があります。それを任せてしまうと、トラブルの原因になるというのはわかります。ただ、そうなると自分の仕事を振り返って、どれを任せられるのか、あるいは**任せられない作業が何なのか、精査す**

る必要がありそうですね。

そうですね。最初は面倒に感じるかもしれませんが、日頃からそのような精査をおこなっておくと、頼みたいときにスムーズにお願いしやすくなるので、有益だと思います。ぜひ、一度やってみることをおすすめします。

また、任せるときによく耳にするのが、任せる相手の能力・スキルが低い場合には、どうしたらいいですか？という質問です。つまりどこまでつきっきりで教育すべきかということです。一定のレベルの成果物が作れるように、どれくらいサポートすれば良いのか、頭の痛い問題です。逐一、作業をチェックして、クオリティをコントロールしなければいけないのだとしたら、その間、自分の仕事がまったく進みません。せっかく人に任せることで、本来やるべき業務に集中しようと思ったのに、これでは意味がありません。

そういう問題は起こりがちです。せっかく作業を分担することで、自分にしかできない業務に集中しようと思っていたのに、一緒になって同じ作業をし

ていたら、本末転倒です。**一人一人に対して手取り足取り、レクチャーしていたら、時間がいくらあっても足りません。**私の負担も大きいですし、ある程度は、手離れを早くしたいですね。こんなときはどうやって対応すれば良いのでしょうか？

そうですね。わかります。初めて手伝ってもらう人や、任せる経験が少ないうちは失敗したり、想定した仕事が上がってこないこともあるでしょう。したがって、最初から完璧に相手ができると思わないことも大切です。要するに任せるときには**必ず失敗することもあると、想定しておく**ことが肝心です。そのほうがこちらも失敗だったときのフォローの準備をしておくことができますし、任せられる相手としてもプレッシャーにならず、のびのびと仕事ができるからです。そのほうが良い結果を生むはずです。

いつも誰かに任せるとなると、ギリギリまで『自分がやったほうが早い』と一人でやろうとしているので、期限まで時間もなければ、私の心の余裕がな

い状況になっています。それがいけないのかもしれませんね。こちらに焦りがあるので、上がってきた作業の質が低いと、修正が必要になり、イライラしてしまいます。

はい。そういうことです。『**任せるときには失敗も起こり得る**』、そのような心構えで任せましょう。

ほかにはどんな心構えがありますか？　教えてください。

さきほどのお話した『任せていい仕事といけない仕事』に通じることですが、任せる相手についても、最初は吟味した方が良いでしょう。要するに、信頼できる相手にまずは任せることです。とくに任せることに慣れていないときには重要です。日頃の仕事ぶりから信頼できる相手から、任せることをはじめるべきです。

実力やスキルが把握できているので、どんな仕事を任せたら、どんな結果が出るのかある程度、予想もできますし、相手にあった業務内容を選択することができるはずです。

これが信頼度の低い相手ならそうはいきません。そもそも信頼度が低いため、仕事の手腕に懐疑的になっていますし、相手もそんな心情で仕事を任せられるのは不服なはずです。思わぬトラブルに発生する可能性があります。まずは**信頼できる相手から任せる**。それが鉄則です。

確かに信頼度の低いメンバーに仕事を任せるのは不安ですし、ストレスもかかります。コミュニケーションを取る段階で意思疎通も上手くいかない様子が想像できます。

加えて、**任せた仕事にしっかりと応えてくれるようなとくに責任感の強い相手が良い**ですね。途中で投げやりになってしまうような人や、時間がないと作業が雑になってしまうような人だと、納品前のチェックをするときにアラがいくつも見つかって、修正するのに時間がかかってしまうリスクがあると

思います。

わかりました。相手を選んで頼むようにします。

あくまで相手を選ぶのは慣れるまでですよ。ずっと信頼できる相手にだけ依頼していたら、異動でその人がいなくなったり、何らかの事情で頼めなくなってしまったときに困りますから。ゆくゆくは他の人にも任せられるような体制にしてください。

あとはどんなことに気をつけて依頼をすれば良いでしょうか？

さきほど信頼できる相手にまずは任せてくださいと言いましたが、その相手に任せてみた場合ですが、上がってきた納品物が思っていたクオリティに達していなかったとしても、諦めないでください。ご自身がＯＪＴでこの仕事を学んでいったように、説明をされたとしても**いきなり完璧な仕事ができる**

人はいません。マニュアルがあったとしても抜け落ちる部分もありますし、不慣れで間違ってしまうところもあるはずです。それは日頃からその作業をしているご自身が一番ご存じだと思います。だから、いきなり結論を出さないこと。失敗することも大切な学びです。

そうですね、長年、やっている仕事なので初心を忘れている部分もありますが、確かに最初から私もできたわけではないですね。教えてもらって、少しずつ理解を深めてきました。

そうです。だから、相手ができなかったとしても責めてはいけません。同時にご自身も責める必要はありません。反省点をあげるのは構いませんが、マニュアルの作り方が悪かった、教え方が下手だったと自責の念に駆られる必要はありません。それは当たり前で、普通のことです。**過剰に落ち込まない、自分を責めないことも任せるときには大切な心構え**です。

また、やってもらいたい仕事だけを任せるのではなく、それと同時に**権限も**

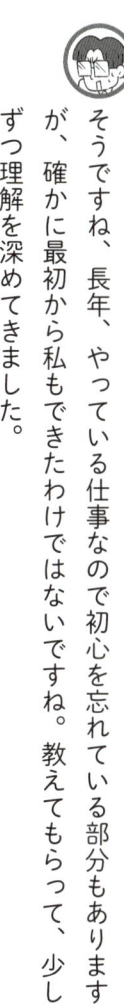

セットで譲渡すべきです。なぜなら、成長しないからです。**責任ある仕事を任されることで人は成長します。**責任のない仕事はただのお手伝いです。そのような仕事をいくらこなしても、成長は見込めません。必ず責任と仕事をセットにして任せること。これが重要なポイントです。

私の場合、他人に頼んだのは良いけれど、作業している様子を見ているうちに、気になる点が見つかって、ついつい口を挟みたくなってしまいます。それはいけませんか？

もし、こうやってくださいと説明した手順を逸脱して作業しているのなら、訂正しても構いません。ただ、事前に説明していないのに、あとから口を出されると、不快でしかありません。**自分とは違うやり方をしていたとしても、我慢して作業が終わるまで見守る**ようにすべきです。

途中で口を出すのはいけないことなんですね。いつも口を挟みたくなってし

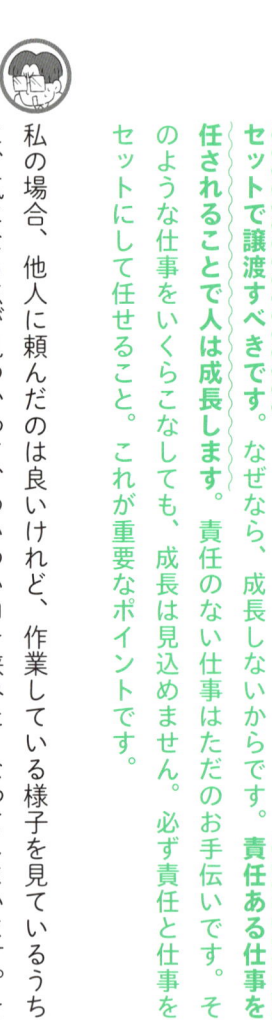

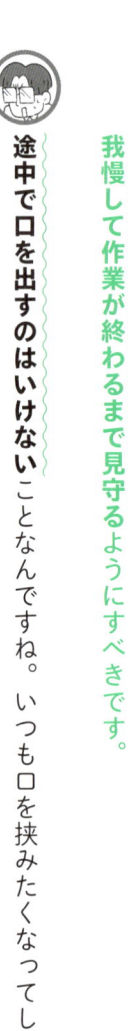

まうので、心に留めておきます。

そういう意味では、相手に100点を求めるのではなく、70点の出来だったら、合格点。あらかじめ合格点やクリアの基準を下げておくことも重要です。自分と同じクオリティを求めてはいけないわけです。あくまで代理でやってもらっている。任せる相手は自分の分身ではありません。そんな心構えだと、仕上がりにがっかりすることも減りますし、頼むハードルも自ずと低くなるのではないでしょうか？

こうした**70点をクリアしてくれれば上出来だ**というような他人に依頼するときのマインドは、マニュアル作りでも同様です。細かい点までルールや決め事を設けておくのではなく、ある程度、**個人の裁量で動ける余白を残しておくことで、作業する人の気苦労も軽減**されます。マニュアルが厳格な場合、作業をしながらいちいちズレていないか、チェックしながら作業をしていく必要が生じます。効率が悪いですし、何よりも息が詰まります。面倒な仕事を押し付けられたと感じてしまい、モチベーションもあがりません。

他者から期待されると成績があがる？ピグマリオン効果とは

ピグマリオン効果は、教育心理学の用語ですが、**他者から期待されると成績が向上する**という現象のことを指します。アメリカの教育心理学者であるロバート・ローゼンタール氏が提唱したことから「ローゼンタール効果」と呼ばれることもある理論で、彼は以下のような実験を行いました。ある小学校でなんの変哲もない知能テストを、今後、成績が伸びる児童が分かる特別なテストだといって実施します。その後、テストの結果とは関係なく無作為に児童を選び、今後、成績が伸びる子どもとしてその名前を担任に伝えます。

すると今後伸びると伝えられた児童の成績が実際に上がったと言います。つまり担任がその児童たちが伸びることを信じて、期待をかけた分、それが本人たちに通じ、成績に反映されたと考えられます。

この実験は、他の研究者が同じことを行ったところ、効果があまり見られなかったケースもあり、批判的な意見もあります。ただ、他者から期待されれば、人はそれに応えようと努力をするのが自然です。その結果、成績が上がっても不思議ではありません。

こうしたピグマリオン効果は、企業の人材教育やマネジメントでも応用されています。**部下は上司から期待されていると感じると、モチベーションが上がります。その結果、努力をするようになり、自然とより高い能力を身に付ける**はずです。そうなれば、仕事でも良い結果が出るようになると考えられます。

Case 4

丁寧に説明している時間が無駄…その時間があったら自分でやってしまう（介護職・Oさん）

手伝ってもらいたい作業があった際に、時間をかけて丁寧に説明したことがあります。わからない点があったら、質問してくださいと言い添えて、自分なりに最大限に説明を加えるよう、心がけていました。その甲斐もあって、きちんとした納品物を提出してくれました。その点では非常に満足しているのですが、私にとってはそこまで時間をかけて、他人に頼む意味があるのかという思いが拭えませんでした。

確かに私の作業は他人がやってくれたので、その点では楽になりました。ただ、一方で説明をしたり、添削するといった仕事が増えたわけですから、実施的には楽になっていません。むしろ、仕事が増えてしまったような気にもなります。もちろん、簡単な仕事をお願いしたわけですから、自分にしかできない高度な業務に集中できたという利点はあります。ですが、自分でやってしまえば、説明に費やした時間はゼロになるわけですから、やっぱり自分でやったほうが早いという気持ちが払拭されるには至りませんでした。そういう意味では、まだまだ私は自分でやったほうが早い病が治っていないと言えるかもしれませんね。

「説明が下手すぎて、伝わらない」

「そろそろ自分の仕事に戻っていい？」

第6章

どんな方法で他人に仕事を任せたらいいですか？

実践編

第6章

どんな方法で他人に仕事を任せたらいいですか？ 実践編

気を遣って、他人に仕事を頼めない。頼んだは良いけれど、いつも仕上がりに納得ができない。そんな懸念から、上手に仕事を頼めない人がいます。まずはどんな心構えで仕事を任せれば良いのか？　その答えを学んだところで、続いては実際に仕事を頼む際に使えるテクニックを教えます。より頼みやすくなる、思い通りの成果があがってくるようにするには、どうすればいいのか？　一緒に考えていきましょう。

効果的な仕事の任せ方

どのように進めるか計画立案と内容の検証は一緒にやるのが鉄則

他人に仕事を頼む際の心構えを解説しましたから、これでもう一人で仕事を抱え込まないで済むのではないですか？

いや、それが……。もちろん理解したのですが、頼んだことがないので、どのように依頼するのが、相手に負担がかからないのか、快く受けてくれるのか。正直、頼み方がわからないんです。

考え込まなくても良いのではないでしょうか？　素直に手伝ってくださいと言えばよいと思いますよ。

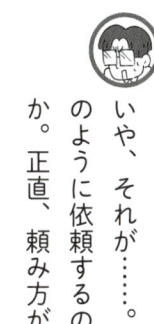

先生は簡単に言いますが、それができたら苦労しませんよ。もっと実践的なテクニックを教えていただけると助かります。

頼むことが苦手な人は、心理学の世界ではよく知られたテクニックですが、『フット・インザ・ドア』と呼ばれる方法を使ってみてはどうですか？

フット・インザ・ドア？　なんですか、それは？

一貫性の原則などとも呼ばれるものですが、一度、イエスと答えると、そのあとノーと言いづらくなる心理を活かしたテクニックです。たとえば、些細なお願いをして、イエスという返事を引き出します。そうですね、コピーを取ってきてくれませんか？　そんな簡単なお願いを一度するわけです。**最初はできるだけ簡単に了承をもらえるような小さな依頼がいい**ですね。そこから徐々に依頼のハードルをあげていき、最終的に本来、お願いしたかった依頼をするわけです。これがフット・インザ・ドア（一貫性の原則）です。

なんだか私が騙して、無理に手伝ってもらっているみたいじゃないですか！いくらなんでも、そんなテクニックは嫌ですね。ほかにないんですか？

よく知られている心理学のテクニックなので、わかりやすくて、良いかなと思ったのですが……。他にですか。そうですね、では、こんなテクニックはどうですか？　たとえば、思った通りの仕事が上がってこないので、頼むのが嫌になってしまったという人もいるのではないでしょうか？　なぜそうなるのかといえば、単純にスキルや能力が不足していると考えることができますが、ほかにも要因が考えられます。慣れない業務なため、どんな手順でそれをすれば良いのか？　あるいは、**どんなスケジュールで作業を行っていけば、納期に間に合うのか、作業を行うにあたっての計画が上手くできていない**と考えることができます。

マニュアルは主に作業の手順を事細かく記載したものです。それを使って、やってほしい作業を説明するのは大切ですが、どんなスケジュールで、どんなポイントに注意して作業にあたるべきなのか、そんな**計画づくりを一緒にやってあげる**と良いでしょう。このときに、ミスが起こる原因や、どんな点に気をつけて作業をするべきなのか、経験者だからわかるポイントを教えていくことができます。だから、計画づくりは一緒にやってあげましょう。

確かに、私だから知っているコツやミスしないためのポイントはたくさんあります。それらを共有することもできそうですね。

また、作業がいったんあがってきたときですが、完璧だったら、それでお手伝いは終了になりますが、そんなことは稀でしょう。内容をチェックして、そのまま提出できるのか、精査していくはずです。ときには差し戻してもう一度やってもらったり、些細な修正なら、こちらで引き受けて直す方法もあります。こうしたいわゆる**検証も作業をしてくれた人と一緒にやる**のもおすすめです。どこがいけなかったのか。どんな点に気をつけて作業してほしかったのか、やってもらった仕事を見ながら、指摘することができるわけです。

この検証まで一緒にやっておくと、次に同じような作業を手伝ってもらうときに、作業が飛躍的にレベルアップします。

そうなると次のお願いも格段にしやすくなりますね。一度、頼むことができれば、二度目はハードルが下がっているので、お願いしやすいはずです。

次につながるといえば、仕事を引き受けてくれた相手に対して、「ありがとう」を伝える。作業が終わったら「助かりました」と、感謝の言葉を伝えることも、とても大切です。手伝ってもらったら、素直にありがとう。また何かあったらよろしくね、などと日頃から手伝ってくれたことに対して、**お礼や感謝の意を伝えていくことが相手のモチベーションをあげる**コツでもあります。

感謝されることが嫌だという人はあまりいませんね。

社交辞令でもいいんです。それがコミュニケーションの入り口ですから。感

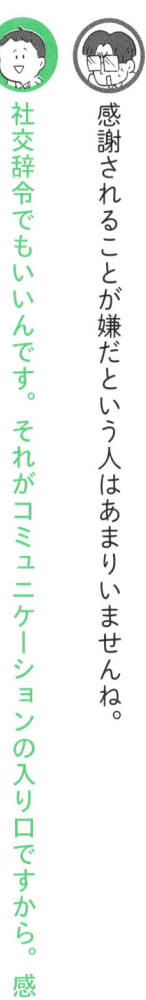

謝の言葉を伝えるだなんて、精神的なアドバイスだなと思いましたか？　感謝の言葉が及ぼす良い影響については、科学的な根拠もあります。カリフォルニア大学のロバート・エモンズ教授による研究がよく知られています。ロバート・エモンズ教授によると、感謝を伝えると、伝える側のストレスが軽減され、幸福感が増大すると考えられています。感謝されると、承認欲求が満たされ、肯定感が増すからです。

また、感謝を表現することは、他者と良好な関係を築くことに貢献して、これがさらなる自己肯定感や社会とのつながりを生むため、幸福感が増大するわけです。

【覚えておきたい！ 他人を頼るための心理学】

理由を添えて承認率があげる「カチッサー効果」

自分でやったほうが早いといつもは仕事を抱え込むのですが、どうしても手伝ってほしいケースもあると思います。そんなとき同僚や後輩にサポートを頼み込んだものの、断られてしまうといったこともあると思います。職場でのお願いとはいっても、必ずしも相手が了承して、手伝ってくれるとは限りません。そんなときはどうすれば良いのでしょうか？ 相手が承認してくれるよう、その可能性を高めることができる方法があります。それが「カチッサー効果」と呼ばれる心理学で明らかにされた効果です。

「カチッサー効果」とは、**ある働きかけを行うことによって、相手が無意識に行動を起こしてしまうような心理現象**のことを指します。ちなみに「カチッサー」という一風変わった名称は、テープレコーダーの再生ボタンを押したときに鳴る「カチッ」という音と、その後に聞こえる「サー」という雑音を組み合わせた造語だとされています。

心理学者のエレン・ランガーは、この「カチッサー効果」を実証するために、以下のような実験を行ったとされています。それはコピー機の順番待ちを利用した実験でした。まず順番待ちをしている列の先頭者のところに行き、順番を譲ってほしいと割り込みさせてほしい旨を依頼してみます。そして、このときに3通りの言い方を試したと言います。ひとつはシンプルに「先にコピーを取らせてもらえませんか?」と、譲ってほしいことを相手に伝えるというものでした。

二つ目は、「急いでいるので、先にコピーをとらせてもらえませんか?」と、急ぎの要件であることを伝えて、依頼をするといった方法です。譲ってほしい意志に加えて、『急いでいる』ことも、あわせて伝えるのがポイントです。続く3つ目の言い方は「コピーを取る必要があるので、先にコピーをとらせてもらえませんか?」

と、なぜ譲って欲しいのか、その理由を添えてお願いするというものだったそうです。この3つの依頼の仕方を試し、その成否を分析したわけです。

実験の結果は、**要件のみを伝えたひとつ目の依頼時には承諾率が6割程度だったのに対して、理由を含めて依頼をした二つ目や3つ目の依頼方法では9割を超える人が承諾してくれた**と言います。このことから、依頼をするときには「○○を手伝ってほしい」とお願いするだけではなく、「◎◎さんが欠勤して人手が足りないから、○○を手伝ってほしい」などと、理由を添えて依頼することで、受け入れてもらえる可能性を高めることができるわけです。したがって、他人を頼りたいときには、どうして手伝ったほしいのか、いまどんな状況なのか、きちんと理由を説明として加えることが重要だと考えられます。なお、そのときに相手に伝える理由はどんな内容でも構わないと考えられています。実験で承諾したほとんどの人が理由はよくわからないけれど、承諾したと回答したからです。

ほかにも、お願いをする際に承諾してもらえる可能性をあげる心理学のテクニックとして、断られそうな「大きな依頼」をまず行なってから、次に本命のお願いである「小さな依頼」をすることで、ハードルを下げる「ドア・イン・ザ・フェイス」と呼ばれるテクニックもあります。これは過大な要求や図々しいお願いだったとしても、断ることで多くの人は良心を痛めることになります。そこに比較的受けやすい小さなお願いを持ちかけることで、じゃあ、その程度の依頼なら譲歩して受けてあげようと思わせるという交渉テクニックです。また反対に最初は簡単な要求をし、もしそれを受け入れてくれたとしたら、徐々に依頼のハードルをあげていく「フット・イン・ザ・ドア」と呼ばれるテクニックもあります。

さらに同じ内容の依頼でも繰り返すことで、説得力が増し、承諾を得やすくなるという実験結果もあります。こちらは「メッセージの反復効果」と呼ばれています。何度も提示されることによって、相手も理解が進み、好意的な印象が育まれる結果、肯定的結果が得られるのではないかと考えられています。

Case 5

相手だってプロ。その言葉が心にグサリと刺さった

（不動産業・Tさん）

私が人に頼むことができなかった大きな理由は人間不信です。以前、やっておいてほしいとお願いした仕事をきちんとやってもらえなかったり、わざと無視されるようなことがありました。それ以来、人をあてにしてはいけないと思って、なんでもひとりで完結されるようになっていきました。自分の仕事だけきちんとすればいい。そうすれば傷つかないし、上司から何か言われることもない。そんなふうに考えていました。

ただ、そうはいっても、大量に仕事があると、人の手を借りなければいけないし、歳を重ねて会社での地位も徐々にあがっていきました。だから、もう一度、他人を

頼ってみよう。そう思ったとき、後輩から言われた一言が忘れられません。『先輩って、他人を信頼してませんよね。だから、いつも一人でやり切ろうとしているんだと思います。でも、私だって、これでもプロなんですから。たまには頼ってくださいね』。そんなふうに言われたんです。

何気ない会話だったんですけど、ショックな一言でした。私の方が仕事ができると、後輩を下に見てしまっていたんですけど、よく考えてみたら、みんな給料をもらって働いているわけですから、そういう意味では確かにみんなプロ。もっと頼っていいんだって心が軽くなりました。

Case 6

どんなに辛くても、歯を食いしばってひとりで耐えるのが、普通だと思っていました（フリーランス・Iさん）

今回、「自分でやったほうが早い！と、何事も一人で抱え込んでしまう」人を取材のために探していると伝え聞いたとき、すぐにそれは私のことを指しているのだと思いました。いまフリーランスのような形で仕事をしていることもあり、さまざまな作業をひとりでこなしています。依頼を納品するための作業はもちろんのこと、スケジュール管理やギャラの交渉、あるいは経費精算や納税といった経理事務も自分で行う必要があります。とくに経理事務は企業に勤めていれば、経理の担当者が代行してくれる作業です。領収書や申請書を提出すれば、あとは専門のスタッフがやってくれるわけですから、その分、本来の業務に集中することができます。フリーランスになり、何事も一人でこなすようになったことで、それぞれの雑務にも自分なりのやり方が身についていきました。できるだけ効率良く行なったほうが、雑務にかける時間が少なくなるからです。

そんな私ですが、忙しいときに、仕事の一部の作業を知り合いに手伝ってもらうことがあります。確定申告の時期には、とくに領収書の整理や計算など雑務が多く発生し、申告の期限が決まっているため、どうしても頼りたくなります。こんなときも、毎月、自分がやっている、整理の仕方を踏襲して、その型どおりにやってほしいという思いが強くあります。ただ、私のやり方を事前にすべて伝えることは難しいため、手伝ってもらった作業を受け取ると、ほとんどの場合、修正することになります。間違っているわけではないため、指摘するのもおかしいなと、黙って直しているのですが、この修正の時間を考えると、はじめから自分でやったほうが早いのでは？と感じてしまうことがよくあります。

そんな私ですが、どうして、そんなに自分のやり方にこだわるようになったのか？フリーランスは自分の実力だけが頼りなので、仕方がないことだと思いますが、考えてみれば、家族の介護経験も大きく影響しているのかもしれません。私は一度会社勤めをしたあとに、仕事を辞めて、祖母と母の介護に専念する必要がありました。慣れない介護は精神的にも、肉体的にもとても辛く、心をすり減らす毎日でした。また、ひとりで抱え込まず、さまざまな支援やサポートを受ければよかったのですが、毎日、介護と家事に追われていたこともあり、どこの誰に頼めば良いのか、考えを巡らせる余裕がまったくありませんでした。一日一日やらなければいけないことが山積みでそれをこなすだけで精一杯だったのです。立ち止まって考える時間はありませんでした。そのため、どんなに辛くても、それを飲み込み、ひたすら耐えるしかありませんでした。心が壊れてしまいそうになりましたが、その直後に介護から解放されて、ことなきを得ました。

こうした人生経験も、どんなに忙しくてもひとりでやったほうが早いと仕事をしてしまう一因になっている気がします。

Case 7

どんなに説明してもその通りにやってくれない
いつしか他人のことが信用できなくなりました

（金融業・Sさん）

私がひとりで何事も抱え込むようになったのは、根底に他人への信頼感の欠如があると思っています。いまの会社に就職し、グループで業務に当たることもたくさんあります。毎日のように、作業を分担して、業務を行っていますが、誰かの分を手分けして手伝ったり、私がやりきれなかったことを代わりにやってもらうこともあります。その一方で常に自分の作業は極力、手伝ってもらいたくないという思いを常に抱えています。なぜなら、いくらマニュアルを作って、毎回のように説明をしても、必ずその通りにやってくれない人がいるからです。ときには強い口調で注意したり、怒ることもあるのですが、ぜったいに自分流のやり方で作業を返してくる人がゼロにはなりません。舐められている？と自分の威厳のなさを悩んだこともあったのですが、最近は諦めの境地で、他人に手伝ってもらうことを避けるようになっています。

またこれは家事にも言えます。私は結婚し、小学生の子どもがいるのですが、彼らに掃除や洗濯物を畳んでもらったり、家事を極力手伝ってもらうようにしていますが、何度も何度も、これをこうしてほしいと伝えても、一向に改善してくれません。洋服の畳み方や収納の仕方など、私がこうしてほしいと見本を見せて、毎回お願いしているのですが、その通りに完璧にこなしてくれることはありません。小学生の息子のことは多少大目に見ていますが、夫は注意しても一向に改善してくれません。私の注意を耳にしても、自分はこっちのほうがいいんだと開き直る始末です。だから、私の話を聞いていないのだと、彼らのことを信用しなくなりました。

「仕事ができないと思われたくなくて」

ま、まずい
終わらない…
だけど
人は頼れ
ない!!
仕事ができない
ヤツだとは
絶対思われたく
ないから…!!
Aくん
これも
お願いできる?
よろこんで
どこが
喜んで
なんだか…

「お人好し？ 頼まれごとに全力投球」

「黙々と一人で、に慣れすぎてしまって」

おわりに

私は「自分でやったほうが早い病」を患っていて、それを改善しなければいけない。本気でそう考えるようになるまでには、長い時間がかかりました。自分の働き方に問題があるとは思いたくなかったですし、少なからず成功体験があり、こうすれば仕事の成果が出るのだという自分なりの答えも意識改革を邪魔しました。

そのため、どう考えても、期日までにひとりでは作業を終えることができないと、わかっていても、なかなか他人に業務を振ることができませんでした。次からにしよう。なんとか終わらせることができるかもしれないと、甘い見通しを立て、問題を先送りすることで、誰かに責任を押し付けることもありました。長く染み付いた働き方や思考を変えることは、想像の何倍も大変なことだったのです。

それでも、重い腰をあげて、働き方改革に着手できたのは、効率よりもプライドや承認欲求を重視した働き方をしているのかもしれないと、カウンセリングを通じて、気づくことができたからです。会話をしながら、自分と向き合うことで、ゆっくりとゆっくりと問題点が腹落ちし、どうすればいいのか把握することができました。自分一人だったとしたら、いまでも「自分でやったほうが早い病」の真っ只中にいるはずです。

本書を手に取った人のなかには、私と同じような働き方をしている人もいると思います。ただ、大きな違いは、すでに問題意識があり、働き方を改善しようとしている点です。このままではいけないという危機感があれば、時間がかかったとしても、「自分でやったほうが早い病」から抜け出すことができるはずです。

カウンセリングのなかで、「自分でやったほうが早い病」にかかる人は、仕事ができる人だという指摘がありました。その能力をさらに発揮するためにも、自分にしかできない仕事に力を注ぐことが大切です。そのためには仕事の頼み方を学び、他人を信頼することが欠かせないでしょう。みなさんの「自分でやったほうが速い病」が1日でも早く良くなることを願ってやみません。少しでも仕事の効率があがり、業務を抱えるストレスから解放されるきっかけとして、本書を役立てていただければ幸いです。

参考文献

【書　籍】

『部下に９割任せる！』（著・吉田幸弘／フォレスト出版）

『その仕事、部下に任せなさい。』（著・高野俊一／アルファポリス）

『リーダーの仮面 ――「いちプレーヤー」から「マネジャー」に頭を切り替える思考法』（著・安藤広大／ダイヤモンド社）

『自分でやったほうが確実（はやい）！ がなくなる任せる技術』（著・西邑浩信／明日香出版社）

『優秀なプレーヤーは、なぜ優秀なマネージャーになれないのか？』（著・柴田励司／クロスメディア・パブリッシング）

『あきらめると、うまくいく ― 現役精神科医が頑張りすぎるあなたに伝えたい最高のマインドリセット』（著・藤野智哉／ワニブックス）

『いつも自分のせいにする罪悪感がすーっと消えてなくなる本』（著・根本裕幸／ディスカヴァー・トゥエンティワン）

『「断れなくて損している」を簡単になくせる本』（著・大嶋信頼／宝島社）

『なぜか印象がよくなるすごい断り方』（著・津田卓也／サンマーク出版）

『嫌な仕事のうまい断り方』（著・山本大平／日経 BP）

『「また断れなかった…」がなくなる本』（著・石原加受子／河出書房新社）

『私を振り回してくるあの人から自分を守る本』（著・Joe ／ WAVE 出版）

『もうコミュニケーションで悩まない！ 断り方の極意「NO」と言える技術と「ことわり」の作法』（著・ひろ健作／ごきげんビジネス出版）

『絶妙な断り方の技術』（著・雨宮利春／明日香出版社）

『人生がうまくいく人の断る力』（著・ジェームズ・アルタッカー、クローディア・アズーラ・アルタッカー／翻訳・石田久二／アチーブメント出版）

『「断わる力」を身につける！』（著・斎藤茂太／新講社）

『スルースキル ―“あえて鈍感”になって人生をラクにする方法』（著・大嶋信頼／ワニブックス）

『いつも人のことばかり考えて凹んでしまうあなたが「ま、いっか」と思える本』（著・大嶋信頼／永岡書店）

『頼めない・叱れない・人間関係が苦手・・・内向型人間のリーダーシップにはコツがある』（著・渡瀬謙／大和出版）

【論　文】

「自己愛的要求を断れない心理的要因の検討」（川原誠司・宇都宮大学、菊地智美・栃木県庁）

「他者に頼りたくても頼れない要因～自己愛と友人との付き合い方の観点から～」（渡邊つかさ、池志保・福岡県立大学）

取 材 協 力

心理カウンセラー

根本裕幸

静岡県浜松市出身。1997年より神戸メンタルサービス代表・平準司氏に師事し、2000年にプロカウンセラーとしてデビュー。以来、1万5000回以上のカウンセリングをこなす。2015年3月に独立。フリーのカウンセラー／講師／作家として活動をはじめる。著書に『愛されるのはどっち？』（リベラル社）、『人間関係がスーッと楽になる心の地雷を踏まないコツ・踏んでしまったときのコツ』（日本実業出版社）などがあるほか、監修本として『男と女の離婚格差』（小学館、石坂晴海著）、『心理カウンセラーが教える「聞く」技術』（日本文芸社）などもある。

臨床心理士／精神保健福祉士

池 志保

九州大学大学院人間環境学府 博士後期課程修了。2014年より福岡県立大学人間社会学部および人間社会学研究科で専任講師を務める。その後、2019年より専任准教授に。また、病院臨床では、医療法人おくら会藤戸病院の常勤心理職を経て、医療法人弘恵会ヨコクラ病院非常勤心理職、そして現在は川谷医院にて非常勤心理職として従事している。「臨床及び発達における創造性」を柱に、「創造性に関する個人と環境との発達的相互交流」や「創造性とパーソナリティとの関連」が主な研究テーマ。論文に渡邊つかさとの共著で、「他者に頼りたくても頼れない要因～自己愛と友人との 付き合い方の観点から～」がある。

「自分でやったほうが早い病」の治し方

2025年1月10日　初版第1刷発行

編集　マルコ社
執筆　有限会社verb
デザイン　榎本美香（pink vespa design）
イラスト　しろやぎ秋吾

発行者　梅中伸介
発行所　マルコ社（MARCO BOOKS LIMITED）
〒102-0084
東京都千代田区二番町9-3　THE BASE 麹町 E-314
e-mail:info@marcosha.co.jp
公式facebook:http://www.facebook.com/marcosha2010
ウェブサイト:http://www.marcosha.co.jp

発売　サンクチュアリ出版
〒113-0023
東京都文京区向丘 2-14-9
電話:03-5834-2507　FAX:03-5834-2508

印刷・製本　中央精版印刷株式会社

ISBN978-4-86113-687-0